Ephraim Kishon

Satiren zur
täglichen Katastrophe

W0053527

Ephraim Kishon

Satiren zur täglichen Katastrophe

Ausgewählt und zusammengestellt
von Lisa Kishon

Langen*Müller*

Besuchen Sie uns im Internet unter
www.langen-mueller-verlag.de

© 2009 by Langen*Müller* in der
F. A. Herbig Verlagsbuchhandlung GmbH München
Alle Rechte vorbehalten
Schutzumschlag: Atelier Sanna, München
Satz: Filmsatz Schröter GmbH, München
Gesetzt aus: 10,7/13,5 GaramondBQ
Druck und Binden: GGP Media GmbH, Pößneck
Printed in Germany
ISBN 978-3-7844-3198-7

Inhaltsverzeichnis

Keine Gnade für Gläubiger

7. September. Traf heute zufällig Manfred Toscanini (keine Verwandtschaft) auf der Straße. Er war sehr aufgeregt. Wie aus seinem von Flüchen unterbrochenen Bericht hervorging, hatte er sich von Jascha Obernik 100 Pfund ausborgen wollen, und dieser Lump, dieser Strauchdieb, dieses elende Stinktier hatte sich nicht entblödet, ihm zu antworten: »Ich habe sie, aber ich borge sie dir nicht!« Der kann lange warten, bis Manfred wieder mit ihm spricht!

Ob wir denn wirklich schon so tief gesunken wären, fragte mich Manfred. Ob es denn auf dieser Welt keinen Funken Anständigkeit mehr gäbe, keine Freundschaft, keine Hilfsbereitschaft?

»Aber Manfred!«, beruhigte ich ihn. »Wozu die Aufregung?« Und ich händigte ihm lässig eine Hundertpfundnote aus.

»Endlich ein Mensch«, stammelte Manfred und kämpfte tapfer seine Tränen nieder. »In spätestens zwei Wochen hast du das Geld zurück, du kannst dich hundertprozentig darauf verlassen!«

Wenn ich meine Frau richtig verstanden habe, bin ich ein Idiot. Aber ich wollte Manfred Toscanini den Glauben an die Menschheit wiedergeben. Und ich will ihn nicht zum Feind haben.

18. September. Als ich das Café Rio verließ, lief ich in Manfred Toscanini hinein. Wir setzten unseren Weg gemeinsam fort. Ich vermied es sorgfältig, das Darlehen zu erwähnen, doch schien gerade diese Sorgfalt Manfreds Zorn zu erregen. »Nur keine Angst«, zischte er. »Ich habe dir versprochen, dass du dein Geld in vierzehn Tagen zurückbekommst, und diese vierzehn Tage sind noch nicht um. Was willst du eigentlich?« Ich verteidigte mich mit dem Hinweis darauf, dass ich kein Wort von Geld gesprochen hätte. Manfred meint, ich sei nicht besser als alle anderen, und ließ mich stehen.

3. Oktober. Peinlicher Zwischenfall auf der Kaffeehausterrasse: Manfred Toscanini saß mit Jascha Obernik an einem Tisch und fixierte mich. Er war sichtlich verärgert. Ich sah möglichst unverfänglich vor mich hin, aber das machte es nur noch schlimmer. Er stand auf, trat drohend an mich heran und sagte so laut, dass man es noch drin im Kaffeehaus hören konnte: »Also gut, ich bin ein paar Tage in Verzug. Na wennschon! Deshalb wird die Welt nicht einstürzen. Und deshalb brauchst du mich nicht so vorwurfsvoll anzuschauen!« Ich hätte nichts dergleichen getan, replizierte ich. Daraufhin nannte mich Manfred einen Lügner und noch einiges mehr, was sich der Wiedergabe entzieht.

Meine Frau sagte, was Frauen in solchen Fällen immer sagen: »Hab ich's dir nicht gleich gesagt?«, sagte sie und lächelte sardonisch.

11. Oktober. Wie ich höre, erzählt Manfred Toscanini überall herum, dass ich ein hoffnungsloser Morphinist sei und dass außerdem zwei bekannte weibliche

Rechtsanwälte Vaterschaftsklagen gegen mich eingebracht hätten. Natürlich ist an alldem kein wahres
Wort. Morphium! Ich rauche nicht einmal.

Meine Frau ist trotzdem der Meinung, dass ich um
meiner inneren Ruhe willen auf die 100 Pfund verzichten soll.

14. Oktober. Sah Toscanini heute vor einem Kino
Schlange stehen. Bei meinem Anblick wurden seine
Augen starr, seine Stirnadern schwollen an, und seine
Nackenmuskeln verkrampften sich. Ich sprach ihn an:
»Manfred«, sagte ich gutmütig, »ich möchte dir einen
Vorschlag machen. Vergessen wir die Geschichte mit
dem Geld. Das Ganze war ohnehin nur eine Lappalie.
Du bist mir nichts mehr schuldig. In Ordnung?« Tos-
canini zitterte vor Wut. »Gar nichts ist in Ordnung!«,
fauchte er. »Ich pfeif auf deine Großzügigkeit. Hältst
du mich vielleicht für einen Schnorrer?« Er war außer
Rand und Band. So habe ich ihn noch nie gesehen.
Obernik, mit dem er das Kino besuchte, musste ihn
zurückhalten, sonst hätte er sich auf mich geworfen.

Meine Frau sagte zu mir: »Hab ich's dir nicht gleich
gesagt?«

29. Oktober. Immer wieder werde ich gefragt, ob es
wahr ist, dass ich mich freiwillig zum Vietkong gemeldet habe und wegen allgemeiner Körperschwäche
abgewiesen wurde. Ich weiß natürlich, wer hinter diesen Gerüchten steckt. Es dürfte derselbe sein, der mir
in der Nacht mit faustgroßen Steinen die Fenster ein-

wirft. Als ich gestern das Café Rio betrat, sprang er auf und brüllte: »Darf denn heute schon jeder Vagabund hier hereinkommen? Ist das ein Kaffeehaus oder ein Asyl für Obdachlose?« Um Komplikationen zu vermeiden, drängte mich der Cafetier zur Tür hinaus.

Meine Frau hatte es gleich gesagt.

8. November. Heute kam mein Lieblingsvetter Aladar zu mir und bat mich, ihm 10 Pfund zu leihen. »Ich habe sie, aber ich borge sie dir nicht«, antwortete ich. Aladar ist mein Lieblingsvetter, und ich möchte unsere Freundschaft nicht zerstören. Ich habe ohnehin schon genug Schwierigkeiten. Das Innenministerium hat meinen Pass eingezogen. »Wir erwarten Nachricht aus Nordvietnam«, lautete die kryptische Antwort auf meine Frage, wann ich den Pass wiederbekäme. So viel zu meinem Plan, ins Ausland zu fliehen.

Meine Frau – deren Warnungen ich in den Wind geschlagen hatte, als es noch Zeit war – lässt mich nicht mehr allein ausgehen. In ihrer Begleitung suchte ich einen Psychiater auf. »Toscanini hasst Sie, weil Sie ihm Schuldgefühle verursachen«, erklärte er mir. »Er leidet Ihnen gegenüber an einem verschobenen Vaterkomplex. Sie könnten ihm zum Abreagieren verhelfen, wenn Sie sich für einen Vatermord zur Verfügung stellen. Aber das ist wohl zu viel verlangt?« Ich bejahte. »Dann gäbe es, vielleicht, noch eine andere Möglichkeit. Toscaninis mörderischer Hass wird Sie so lange verfolgen, wie er Ihnen das Geld nicht zurückzahlen kann. Vielleicht sollten Sie ihn durch eine

10

anonyme Zuwendung dazu in die Lage setzen.« Ich dankte dem Seelenforscher überschwänglich, sauste zur Bank, hob 500 Pfund ab und warf sie durch den Briefschlitz in Toscaninis Wohnung.

11. November. Auf der Dizengoffstraße kam mir heute Toscanini entgegen, spuckte aus und ging weiter. Ich erstattete dem Psychiater Bericht. »Probieren geht über studieren«, sagte er. »Jetzt wissen wir wenigstens, dass es auf diese Weise nicht geht.« Eine verlässliche Quelle informierte mich, dass Manfred eine große Stoffpuppe gekauft hat, die mir ähnlich sieht. Jeden Abend vor dem Schlafengehen, manchmal auch während des Tages, sticht er ihr feine Nadeln in die Herzgegend.

20. November. Unangenehmes Gefühl im Rücken, wie von kleinen Nadelstichen. In der Nacht wachte ich schweißgebadet auf und begann zu beten. »Ich habe gefehlt, o Herr!«, rief ich aus. »Ich habe einem Nächsten in Israel Geld geliehen! Werde ich die Folgen meines Aberwitzes bis ans Lebensende tragen müssen? Gibt es keinen Ausweg?«

Von oben hörte ich eine tiefe, väterliche Stimme: »Nein!«

1. Dezember. Nadelstiche in den Hüften und zwischen den Rippen, Vaterkomplexe überall. Auf einen Stock und auf meine Frau gestützt, suchte ich einen praktischen Arzt auf. Unterwegs sahen wir auf der gegen-

11

überliegenden Straßenseite Obernik. »Ephraim«, flüsterte meine Frau, »schau ihn dir einmal ganz genau an! Das rundliche Gesicht … die leuchtende Glatze … eine ideale Vaterfigur!« Sollte es noch Hoffnung für mich geben?

3. Dezember. Begegnete Toscanini vor dem Kaffeehaus und hielt ihn an. »Danke für das Geld«, sagte ich rasch, bevor er mich niederschlagen konnte. »Obernik hat deine Schuld auf Heller und Pfennig an mich zurückgezahlt. Er hat mich zwar gebeten, dir nichts davon zu sagen, aber du sollst wissen, was für einen guten Freund du an ihm hast. Von jetzt an schuldest du also die 100 Pfund nicht mir, sondern Obernik.« Manfreds Gesicht entspannte sich. »Endlich ein Mensch«, stammelte er und kämpfte tapfer seine Tränen nieder. »In spätestens zwei Wochen hat er das Geld zurück.«

22. Januar. Als wir heute Arm in Arm durch die Dizengoffstraße gingen, sagte mir Manfred: »Obernik, diese erbärmliche Kreatur, sieht mich in der letzten Zeit so unverschämt an, dass ich ihm demnächst ein paar Ohrfeigen herunterhauen werde. Gut, ich schulde ihm Geld. Aber das gibt ihm nicht das Recht, mich wie einen Schnorrer zu behandeln. Er wird sich wundern, verlass dich darauf!«

Ich verlasse mich darauf.

Autokauf

Es kam, wie es kommen musste. Eines katastrophalen Morgens entschloss ich mich, mir einen Gebrauchtwagen anzuschaffen, und ging zu einem Gebrauchtwagenhändler namens »Smiling Joe« (was mit »lächelnder Josef« durchaus zureichend übersetzt wäre). Smiling Joe nahm in den Zeitungen täglich einige Quadratkilometer Inseratenraum in Anspruch, auf denen er seine 600 Gebrauchtwagen begeistert anpries. Er war ein kräftiger, gutgelaunter, temperamentvoller junger Mann, und als er hörte, dass ich aus Israel kam, kannte seine Begeisterung keine Grenzen. Er selbst, wie er ausdrücklich betonte, war zwar kein Jude, aber er hatte einen Freund, der Finkelstein oder so ähnlich hieß, und das genügte.

Smiling Joe zeigte mir persönlich seine 20 Gebrauchtwagen und pries jeden einzelnen von ihnen begeistert an. Als ich mich nach den restlichen 580 erkundigte, raunte er mir vertraulich zu, dass sie für prominente Gäste aus dem Nahen Osten – also zum Beispiel für mich oder König Ibn Saud – auf einem Geheimgelände bereitgehalten würden.

»Es ist nur fünf Minuten von hier«, sagte Smiling Joe. »Fahren wir los.« Und er lud mich in seinen eigenen Wagen ein.

Nach ungefähr eineinhalb Stunden flotter Fahrt fragte ich ihn, was eigentlich mit den fünf Minuten los wäre. Smiling Joe gestand mir unter dröhnendem Gelächter, dass er dabei an ein Überschallflugzeug gedacht hätte. Aber jetzt würde es wirklich nur noch zehn Minuten dauern.

Dämmerung sank herab. Die Wüste, die wir durchfuhren, zeigte alle Merkmale subtropischer Vegetation. Immerhin waren wir noch vor Einbruch der völligen Dunkelheit in Arizona. Auf dem geheimen Gelände standen, leicht überschaubar, neun Gebrauchtwagen.

»Ist das alles?«, fragte ich. »Wo sind die anderen?«

»Verkauft«, grinste Smiling Joe. »Die Dinger gehen weg wie die warmen Semmeln. Am Morgen hatte ich noch 500 Wagen hier. Wenn ich's mir recht überlege, bin ich gar nicht scharf drauf, den Rest zu verkaufen. Ich kann mit dem Geld sowieso nichts anfangen.«

Unwillkürlich drängte sich die Frage auf meine Lippen, warum er mich dann überhaupt hergeführt habe.

Smiling Joe grinste abermals. Geld bedeute ihm nichts, meinte er. Viel wichtiger sei der gute Ruf, »Fairness und Ehrlichkeit« lautete die Devise.

Ich hatte währenddessen den rudimentären Wagenpark besichtigt und zu meiner Freude einen verhältnismäßig gut erhaltenen Chevrolet entdeckt, der laut kreidiger Aufschrift auf der Windschutzscheibe nur 299,99 Dollar kosten sollte.

»Der Wagen gefällt mir«, sagte ich. »Den will ich haben.«

»Junge, Junge!« Smiling Joe hieb mir anerkennend seine Pranke auf die Schulter. »Das nenne ich ein sicheres Auge! Schaut hin – und hat auch schon mein bestes Stück! Der Wagen ist zwar verkauft, an den Gouverneur dieses aufstrebenden Staates – aber wenn ich Sie damit glücklich machen kann, dann blättern Sie 400 Dollar auf den Tisch des Hauses und der Chevy gehört Ihnen.«

»Wieso 400? Da steht doch ganz deutlich 299,99?«

»Listenpreis, mein Junge. Ohne Reifen. Wenn Sie für 299,99 einen Wagen ohne Reifen kaufen wollen – ich habe nichts dagegen. Aber vergessen Sie nicht, dass Chevrolet eine der teuersten Automarken Amerikas ist.«

Ich zeigte wortlos auf die Neonlicht-Reklame am Eingang, die in großen Blinklichtern besagte: »Chevrolet – der preisgünstigste Wagen Amerikas!«

Smiling Joe büßte weder seine Ruhe noch sein Grinsen ein. »Wer kümmert sich heute noch um Neonreklame? Längst überholt!«

Ich hatte den Wagen mittlerweile von allen Seiten geprüft und fand ihn immer mehr nach meinem Geschmack.

»Okay«, sagte ich. »Ich nehme ihn.«

»Großartig!« Smiling Joe schüttelte begeistert meine Hände. »Sie sind ein Glückspilz! Machen Sie, dass Sie rauskommen, bevor ich's mir überlege! Sie werden diesen Wagen mit 500 Dollar Profit verkaufen.«

»Wo sind die Schlüssel?«

»Schon mal was von automatischer Kupplung gehört?«, grinste Smiling Joe, während er mir die Schlüssel aushändigte. »Und das Lenkrad können Sie mit einem Finger ganz herumdrehen.«

Ich versuchte das Lenkrad mit einem Finger ganz

herumzudrehen, hörte aber sofort auf, als es in zwei Hälften zu zerbrechen drohte.

»Sehen Sie«, triumphierte Smiling Joe. »Es rührt sich nicht. Solide wie Stahl. Und erst der Zehnzylindermotor! Junge, Junge.«

Ich öffnete die Haube und zählte knappe sechs Zylinder.

»Eben!« Smiling Joe überschlug sich vor Begeisterung. »Was das nur für eine Benzinersparnis bedeutet! Und die automatische Vorzündung!«

Ich demonstrierte ihm mühelos, dass die Vorzündung in keiner Weise automatisch war, sondern mühsam mit der Hand bedient werden musste.

Smiling Joe beglückwünschte mich aufs Neue zu meinem Fang. Die automatische Vorzündung sei ohnehin nichts wert gewesen und werde zu den neuesten Modellen nicht mehr geliefert.

»Glauben Sie, ich würde Ihnen einen schlechten Wagen verkaufen, he? Ich Ihnen? Ein Jude dem andern? Sie werden sich in diesem Wagen wie ein König vorkommen! Und wenn Sie Musik hören wollen, brauchen Sie nur das Radio anzudrehen.«

Smiling Joe zeigte mir den Knopf und drehte ihn an. Sofort setzten sich die Scheibenwischer in Betrieb.

»Wer zum Teufel braucht ein Radio?«, fragte Smiling Joe beseligt. »Was bekommt man da schon zu hören? Den ganzen Tag lang Schallplatten. Vollkommen überflüssig. Viel wichtiger ist, dass Sie einen fantastischen Fahrersitz haben, den Sie sogar verschieben können.«

Ich versuchte den Sitz zu verschieben – und er verschob sich. Ich versuchte es noch einmal – und er verschob sich wieder. Warum hatte Smiling Joe dann aber gesagt, dass sich der Sitz verschieben ließ? Das war verdächtig. Ich nahm eine gründliche Untersuchung des Wagens vor – er war so gut wie neu.

»Er ist so gut wie neu«, grinste Smiling Joe. »Er hat nicht mehr drauf als 17 000 Meilen.«

Das konnte nicht wahr sein. Ich warf einen Blick auf den Zähler. Er zeigte 3000 Meilen. Mein Misstrauen wuchs.

»Wieso zeigt er nur 3000?«

»Leicht zu erklären. Der frühere Besitzer war ein Leuchtturmwächter, der immer nur um seinen Leuchtturm herumfahren konnte.«

Jetzt hatte ich genug. Wenn ich Smiling Joes Verkaufstechnik richtig interpretierte, musste der Wagen spätestens nach hundert Metern auseinanderfallen.

»Schön«, sagte ich. »Dann werden wir leider kein Geschäft miteinander machen. Ich lasse mich nicht zum Narren halten.«

»Ganz wie Sie wünschen.«

Zum ersten Mal verlor sich das Grinsen aus Smiling Joes Gesicht.

»Wie komme ich nach Hause?«

»Per Auto?«

»Nein. Zu Fuß.«

»Immer nach Osten, mein Freund, immer nach Osten …«

Ich überlegte: Wenn Smiling Joe »Osten« sagte,

wäre »Westen« vermutlich das Richtige. Aber da man sich bei ihm nicht einmal auf das Gegenteil seiner Aussagen verlassen kann, ginge ich wohl am besten nach Süden.

Auf meinem Weg in nördlicher Richtung kam ich durch fruchtbares Ackerland, durch schattige Wälder mit Bächen und Wasserfällen – und trotzdem nach Hause. Unser Nachbar stützte mich die Stiegen hinauf und informierte mich (leider zu spät), dass man in Amerika zum Kauf eines Gebrauchtwagens unbedingt mit dem eigenen Wagen vorfahren müsse.

Agententerror

Liegt das nun an der sprunghaften Verbesserung unserer Wirtschaftslage oder am schönen Wetter – gleichviel, ich stehe in der letzten Zeit unter ständigem Druck vonseiten angelsächsischer Versicherungsagenten.

Warum es immer angelsächsische sind, ahne ich nicht, aber wenn am frühen Vormittag mein Telefon geht, meldet sich todsicher ein unverkennbarer Gentleman in unverkennbarem Oxford-Englisch:

»Guten Morgen, Sir. Ich spreche im Auftrag der Allgemeinen Südafrikanischen Versicherungsgesellschaft. Darf ich Sie um zehn Minuten Ihrer kostbaren Zeit bitten, Sir? Ich möchte Sie mit einer völlig neuen Art von Lebensversicherung bekannt machen.«

Daraufhin gefriere ich in Sekundenschnelle. Erstens bin ich gegen Lebensversicherungen, weil ich sie für unmoralisch halte. Zweitens habe ich nicht die Absicht, jemals zu sterben. Drittens sollen die Mitglieder meiner Familie, wenn ich trotzdem einmal gestorben sein sollte, selbst für ihr Fortkommen sorgen. Und viertens bin ich längst im Besitz einer Lebensversicherung.

Ich lasse also Mr. Oxford wissen, dass er sein gutes Englisch an mich verschwendet und dass mein Leichnam bereits 170 000 Shekel wert ist.

»Was sind heutzutage 170 000 Shekel?«, höre ich aus Oxford. »Die Allgemeine Südafrikanische hält für den beklagenswerten Fall Ihres Hinscheidens eine doppelt so hohe Summe bereit. Gewähren Sie mir zehn Minuten, Sir.«

»Im Prinzip recht gerne. Die Sache ist nur die, dass ich in einer Stunde nach Europa abfliege. Für längere Zeit. Vielleicht für zwölf Jahre.«

»Ausgezeichnet. Ich erwarte Sie am Flughafen.«

»Dazu wird die Zeit nicht ausreichen, weil ich noch nicht gefrühstückt habe.«

»Ich bringe ein paar Sandwiches mit.«

»Außerdem möchte ich mich von meiner Familie verabschieden.«

»Nicht nötig. Wir schicken sie Ihnen mit dem nächsten Flugzeug nach. Die Tickets gehen selbstverständlich zu unseren Lasten. Ich warte im Flughafen-Restaurant, Sir.«

Auf diese Weise bin ich schon dreimal hintereinander nach Europa geflogen, aber der Andrang lässt nicht nach. Erst vor wenigen Tagen versuchte ich den Gentleman von der Neuseeland International Ltd. damit abzuschrecken, dass mein Leben auf eine Million Dollar versichert sei. »Was ist denn schon eine Million Dollar!«, erwiderte er geringschätzig und entwickelte innerhalb von zehn Minuten einen einzigartigen Lebensversicherungsplan, demzufolge der Versicherungsnehmer gar nicht zu sterben braucht, es genügt, wenn er in Ohnmacht fällt, absolut inflationssicher, mit Abwertungsklausel und Farbfernsehen.

Als er nicht lockerließ, gestand ich ihm, dass ich zahlungsunfähig war. Pleite. Vollkommen pleite.

»Macht nichts«, tröstete er mich. »Wir verschaffen Ihnen ein Darlehen von der Regierung.«

»Ich bin krank.«

»Wir schicken Ihnen einen Arzt.«

»Aber ich will keine Lebensversicherung abschließen.«

»Das glauben Sie nur, Sir. Sie wollen.«

Gegen irgendeinen levantinischen Schwarzhändler wüsste ich mir zu helfen. Aber gegen Oxford-Englisch bin ich machtlos.

Heute Vormittag war die Wechselseitige Australische am Telefon und bat um zehn Minuten. Geistesgegenwärtig schaltete ich auf schrillen Sopran: »Hier Putzfrau von Herr Kishon sprechen. Armer Herr gestern gestorben.«

»In diesem Fall, Madame«, sagte die Wechselseitige, »möchten wir der Familie des Verstorbenen einen revolutionären Versicherungsvorschlag unterbreiten. Es dauert nur zehn Minuten.«

Ich sterbe vor Neugier, ihn zu erfahren.

Gipfeltreffen mit Hindernissen

Kaum war es kalt geworden, als in der Wand meines Arbeitszimmers ein Wasserleitungsrohr platzte und ein dunkelbrauner Fleck auf der Tapete erschien. Ich ließ dem Rohr zwei Tage Zeit, sich von selbst in Ordnung zu bringen. Das geschah jedoch nicht. So blieb mir nichts übrig, als unseren Installateur zu rufen.

Der legendäre Platschek lebte in Holon und war nur sehr schwer zu erreichen. Glücklicherweise traf ich ihn im Fußballstadion, und da seine Mannschaft gewonnen hatte, erklärte er sich bereit, am nächsten Tag zu kommen, vorausgesetzt, ich würde ihn mit dem Auto abholen, und zwar um halb sechs Uhr früh, bevor er zur Arbeit ginge. Auf meine Frage, warum denn so früh und ob denn das, was er bei mir zu tun hätte, keine Arbeit sei, antwortete Platschek: Nein.

Ich holte ihn pünktlich ab. Er warf einen flüchtigen Blick auf die feuchte Mauer und sagte: »Wie soll ich an das Rohr herankommen? Holen Sie zuerst einen Maurer und lassen Sie die Wand aufbrechen!«

Damit verließ er mich, nicht ohne indigniert darauf hinzuweisen, dass er einen ganzen Arbeitstag verloren hätte. Ich blieb zurück, allein mit einem braunen Fleck an der Wand und der brennenden Sehnsucht

21

nach einem Maurer. Ich kenne keinen Maurer. Ich weiß auch nicht, wo man einen Maurer findet. Wie sich zeigte, wusste das auch keiner meiner Freunde, Nachbarn, Bekannten und Kollegen. Schließlich empfahl mir jemand, dessen Bruder in einem Maklerbüro arbeitete, einen Allround-Handwerker namens Gideon, der irgendwo in der Nähe von Bat Jam wohnte.

Aufgrund dieser präzisen Angaben hatte ich Gideon noch vor Einbruch der Dämmerung aufgespürt und erfuhr, dass er erst nach der Arbeit, frühestens um neun Uhr abends, kommen könnte. Ich holte Gideon um neun Uhr abends ab. Gideon begutachtete die Mauer und sagte: »Soll ich vielleicht die Mauer aufbrechen, damit mir sofort das ganze Wasser ins Gesicht schwappt? Holen Sie zuerst einen Installateur, der den Haupthahn abdreht!«

Ich erschrak. So etwas hatte ich die ganze Zeit befürchtet: dass ich auf die gleichzeitige Anwesenheit beider Experten angewiesen war, dass Platschek ohne Gideon nicht an das Rohr herankommt und Gideon ohne Platschek nass wird.

Wie leicht sich das hinschreibt: »Sie mussten zusammentreffen.« Papier ist geduldig. In Wirklichkeit überstieg schon die bloße Planung des Treffens jegliche Vorstellungskraft. Das Weltraum-Rendezvous von Gemini 6 und 7 war ein Kinderspiel dagegen.

Zweimal durchwanderte ich die fruchtbare Ebene von Holon und dreimal die Dünen von Bat Jam, um Platschek und Gideon aufeinander abzustimmen. Vergebens. Der von mir vorgeschlagene Kompromiss strebte ein Treffen um 13.15 Uhr an, wurde aber von beiden Seiten entrüstet zurückgewiesen.

Zögernd stellte ich eine kleinere Sabbat-Entweihung zur Debatte. Platschek war einverstanden, aber Gideon geht am Samstag mit seinen Kindern spazieren, er hat viel zu tun und sieht sie die ganze Woche nicht. Schluss, aus.

Der braune Fleck an meiner Wand wurde größer und größer. Ich musste die Verhandlungen wieder aufnehmen. Als ich dann eines Abends mit blaugefrorener Nase und tränenden Augen bei Gideon ankam, übermannte ihn das Mitleid. Er zog seinen Terminkalender heraus und blätterte lange hin und her: »Hier wäre eine Möglichkeit«, sagte er. »Am 26. April ist der Unabhängigkeitstag. Der fällt in diesem Jahr auf einen Montag. Ich werde von Samstag bis Montag ein verlängertes Wochenende einschalten und am Sonntag nicht zur Arbeit gehen. Wenn Ihnen also der 25. April recht ist …«

Ich bejahte jauchzend und sauste nach Holon hinüber. Dort war es mit dem Jauchzen vorbei. Platschek erklärte dezidiert, dass er am 25. April wie üblich zur Arbeit gehen würde. Warum sollte er am 25. April nicht wie üblich zur Arbeit gehen?

»Weil«, brachte ich mühsam hervor, »weil ich dann nicht mehr weiß, was ich machen soll, Platschek.«

»Es wird sich schon etwas finden«, sagte Platschek mit unerschütterlichem Optimismus. Und wirklich, es fand sich schon etwas. Die Vorsehung meinte es gut mit mir. Der legendäre Platschek wollte nämlich am

Dienstag kommender Woche bei seinem Schwager in der Levontin-Straße zum Abendessen sein, und das ließe sich vielleicht mit einem Blitzbesuch bei mir verbinden, vielleicht um halb acht. Ich umarmte ihn, legte in Rekordzeit den Weg nach Bat Jam zurück, drang zu Gideon vor und rief ihm von der Tür entgegen:

»Platschek kommt Dienstagabend.«

»Dienstagabend«, erwiderte Gideon gelassen, »gehe ich in ›My Fair Lady‹.«

Ich knickte zusammen.

»Vielleicht«, stotterte ich, »vielleicht wäre es möglich, dass Sie an einem anderen Tag in ›My Fair Lady‹ gehen? Ich meine nur. Wenn es vielleicht möglich wäre.«

»Von mir aus. Aber ich denke nicht daran, mir wegen der Karten die Füße in den Bauch zu stehen. Das müssen Sie machen.«

Das verstand sich wohl von selbst: dass es meine Sache war, die Karten umzutauschen. Es war ja auch meine Mauer, wo der braune Fleck schon bis zur Decke reichte. Dass es für »My Fair Lady« nur sehr schwer Karten gab, besonders Umtauschkarten, entmutigte mich nicht. Das Unmögliche gelang. Ich eilte mit der Freudenbotschaft zu ihm.

Sie wurde von Gideons Frau mit Kopfschütteln aufgenommen. Am 21. Dezember endete das Chanukka-Fest, und da würde Großmama die Kinder zurückbringen, denn die Kinder verbrachten das Chanukka-Fest bei Großmama.

»Könnten vielleicht«, wagte ich vorzuschlagen, »könnten die Kinder vielleicht einen Tag früher zurückkommen?«

»Warum nicht?«, meinte Frau Gideon gutherzig. »Wenn's die Großmama erlaubt …«

Großmama lebte unweit von Tel Aviv. Sie war eine freundliche, weißhaarige Dame, liebenswürdig und hilfsbereit, aber am Sabbat benutzte sie keine Fahrzeuge. Und der 21. Dezember fiel auf einen Sabbat.

»Ich selbst würde es ja nicht so genau nehmen«, sagte Großmama. »Aber mein seliger Mann war sehr religiös.«

Und weil ihr seliger Mann sehr religiös war, sollte jetzt mein Haus zerbröckeln und versumpfen? Ich versuchte sie zu überzeugen, dass ihre Sünde nicht gar so groß wäre, und wenn ihr seliger Mann noch lebte, wäre er ganz gewiss damit einverstanden, die lärmende Brut am Sabbat loszuwerden, zumal ich sie eigens mit dem Auto abholen kann. Gratis.

»Nein, nein, nein«, beharrte die starrköpfige alte Hexe. »Am Sabbat fahre ich nicht. Das müsste mir unser Rabbi ausdrücklich bewilligen.« Unser Rabbi weilte in einem Erholungsheim im südlichen Galiläa. Ich fand ihn im Garten.

»Ehrwürdiger Rabbi«, begann ich. »Wenn Großmama die Kinderchen am Sabbat nach Hause bringt, kann Gideon am 21. Dezember ins Theater gehen. Damit wird er frei für das Gipfeltreffen mit dem legendären Platschek, am nächsten Dienstag um halb acht Uhr abends. Und das ist mindestens so wichtig wie die

Rettung eines Menschenlebens, für die auch der Strenggläubige die Sabbatruhe brechen darf, nein, muss …«

Der Rabbi gehörte zum aufgeklärten Flügel des israelischen Klerus. Nachdem ich eine größere Summe zur Errichtung einer neuen Talmud-Thora-Schule gestiftet hatte, wurde der Sabbatdispens für Großmama ordnungsgemäß ausgestellt, und Großmama gab nach.

Siegestrunken fuhr ich zu Platschek, siegestrunken rief ich ihm entgegen:

»Der Maurer kommt am Dienstag.«

»Zu dumm«, sagte Platschek. »Mein Schwager hat die Einladung auf Mittwoch verschoben.«

Am Dienstag nämlich musste der Schwager, wie sich plötzlich erwiesen hatte, einer Versammlung des Elternrats in der von seinen Kindern frequentierten Schule beiwohnen. Und inzwischen hatten sich die braunen Wasserflecken schon über die ganze Decke ausgebreitet.

»Meinetwegen, Herr Kishon«, brummte der Schwager. »Wenn Sie es einrichten können, dass die Sitzung verschoben wird – warum nicht?«

Nein, wirklich, ich kann mich nicht beklagen. Jedermann war bereit, mir zu helfen, jedermann tat sein Bestes. Hoffnungsvoll eilte ich zum Schuldirektor. Er bedauerte lebhaft: Die Einladungen für Dienstag waren schon verschickt.

Ich ging von Haus zu Haus. Achtzehn Eltern erklärten sich sofort mit Donnerstag einverstanden, nur vier machten Schwierigkeiten. Am hartnäckigsten zeigte sich Frau Olga Winternitz, die für Donnerstag mehrere Familien eingeladen hatte. Drei Gäste waren ohne weiteres bereit, am Freitag zu kommen, einem fehlte das Beförderungsmittel, zwei Mütter hatten keine Babysitter, und ein Junggeselle hatte eine wichtige Verhandlung wegen seines Konkurses. Alle diese Schwierigkeiten wurden von mir Schritt für Schritt aus der Welt geschafft. Das Beförderungsproblem löste ich, indem ich einen Omnibus mietete. Meine Schwester ging als Babysitter zu der einen Dame, die andere Dame ermordete ich und vergrub den Leichnam im Garten. Die Konkursverhandlung wurde abgesagt, da ich die Schulden des Geschäftsmannes übernahm. Auf diese Weise konnte der Elternrat am Donnerstag zusammentreten, und dem Gipfeltreffen der Zwillinge am Dienstagabend stand nichts mehr im Wege.

Pünktlich um halb acht begann ich zu warten. Ich wartete zwei Stunden. Niemand kam. Kurz vor Mitternacht erschien Platschek, der unsere Verabredung irgendwie missverstanden und bei seinem Schwager das Abendessen eingenommen hatte, ehe er zu mir kam, statt umgekehrt. Gideon kam überhaupt nicht. Wahrscheinlich hatte er es vergessen.

Zum Glück war der Wasserfleck nicht mehr von der Wand zu unterscheiden, denn die Wand war mittlerweile verschwunden und hatte nur den Fleck zurückgelassen. Ich verkaufte die Wohnung, kaufte eine neue und wunderte mich, dass mir diese einfache Lösung nicht früher eingefallen war.

Ihre Zimmernummer, Sir

Letzten Sommer beschloss ich, mir einmal einen richtigen, großzügigen Urlaub in Salzburg zu gönnen. Meine Wahl fiel auf ein Super-de-Luxe-Hotel, das über einen eigenen Golfplatz, eine eigene Kricket-Anlage und, wie man sehen wird, noch über sehr viel anderes Eigenes verfügte.

Ein Page in einer deprimierend vornehmen Livree öffnete mir das Taxi, ergriff meinen Koffer und fragte:

»Welche Zimmernummer, mein Herr?«

»Das weiß ich nicht«, sagte ich. »Ich bin ja eben erst angekommen.«

Der Page dirigierte mich zu der ganz in Marmor gehaltenen Rezeption, wo mir ein Agent des Geheimdienstes meine Zimmernummer bekanntgab: 157. Diese Nummer trug der Page sofort in sein Notizbuch ein. Der Geheimagent übergab mir einen mit Diamanten besetzten Zimmerschlüssel aus 24-karätigem Gold. Ich betrat das Zimmer, das die Nummer 157 trug, und begann mit dem Auspacken. Als ich mir die Hände waschen wollte, musste ich feststellen, dass keine Seife vorhanden war. Ich läutete nach einer Sklavin. Sie brachte mir eine in Zellophan verpackte, aus Hollywood importierte Seife und fragte:

»Welche Zimmernummer, bitte?«

»157«, antwortete ich. Die Sklavin zog ein Notizbuch hervor und schrieb sorgfältig auf ein neues Blatt: »157«.

Mit nunmehr gewaschenen Händen begab ich

28

mich in den Speisesaal des Hotels, wo man – ohne mich mit lästigen Fragen zu behelligen – eine Tasse Tee und zwei Scheiben Toast vor mich hinstellte. Da mir die Toasts vorzüglich mundeten, verlangte ich noch eine Scheibe.

»Zimmernummer?«, fragte der Kellner mit der Steifheit eines knapp vor der Pensionierung stehenden Diplomaten. Das »157« wurde gebührlich notiert.

Auf dem Rückweg in mein Zimmer wollte ich von einem der Brigadegeneräle, die als Portiers Dienst taten, die genaue Uhrzeit erkunden.

»Meine Zimmernummer ist 157«, sagte ich. »Wie spät ist es?«

»17.32 Uhr«, antwortete der Brigadier und trug die Nummer 157 in ein dickes Buch ein.

Ich kleidete mich fürs Abendessen um, bat um eine Kleiderbürste (157) und später um eine Zeitung (157). Da mich die ständige Nummernbuchhaltung allmählich zu enervieren begann, machte ich mich zum Boudoir des Hotelmanagers auf und wurde um eine Audienz vorstellig.

»Warum, o Herr, muss ich bei jedem Anlass meine Zimmernummer angeben?«, fragte ich.

Seine Exzellenz maß mich mit einem missbilligenden Blick und antwortete in nasalem k.u.k. Österreichisch: »Alle Dienstleistungen, die nicht im Pauschalpreis inbegriffen sind, werden in Rechnung gestellt, mein Herr. Deshalb müssen die Mitglieder unseres Stabs über die Zimmernummer informiert sein, mein Herr. Wie ist Ihre Zimmernummer, mein Herr?«

»157.«

»Danke, mein Herr«, sagte Seine Exzellenz und notierte »Inf. für Nr. 157«.

157 wurde zum Leitmotiv meiner Tage. Kaum wagte ich noch jemanden anzureden, ohne meine Zimmernummer zu nennen. Als ich einmal einen Grapefruitsaft bestellte und keinen bekam, gab ich dem Kellner zu bedenken, ob er jetzt nicht in seinem Notizbuch eine Eintragung vornehmen sollte: »Keine Grpfrt. für 157.« Auch in die Vorstellungszeremonien schlichen sich seltsame Allüren ein. Es war wie im Gefängnishof. Wenn ich auf jemanden zutrat, nannte ich nicht meinen Namen, sondern sagte: »157. Sehr angenehm.«

»Ganz meinerseits«, antwortete Prinz Weingartner, der Sekretär des Hotels, und schrieb sofort in sein Notizbuch: »Vorgestellt Nr. 157.«

Aber mit einem Mal schlug die ganze Situation um. Ich saß gerade auf der Amethystterrasse des Hotels und sog in tiefen Zügen die ozonreiche Abendluft ein, als einer der Aufseher an mich herantrat, das gezückte Notizbuch in der Hand.

»157«, sagte ich höflich. »Frische Luft.«

»57«, notierte der Aufseher. »Danke, mein Herr.«

Ich war drauf und dran, den Irrtum zu berichtigen, fühlte mich jedoch von einer geheimnisvollen Kraft zurückgehalten. Bizarre Überlegungen kreisten in meinem Kopf und konzentrierten sich auf eine völlig neue Möglichkeit …

Abends im Restaurant bestellte ich eine extra große, extra grillierte Portion Kalbsleber.

»Zimmernummer?«, fragte der Kellner, ein ehemaliger Oberst der königlichen Leibgarde.

»75«, antwortete ich.

»75«, notierte der Oberst. »Danke, mein Herr.«

So begann es, und so konnte ich mir im Verlauf der nächsten Tage manchen Wunsch erfüllen, von dem ich bisher nur im Opiumrausch geträumt hatte. Zweimal fuhr ich in einer eigens für mich bestellten Luxuslimousine aus (75), dreimal bestellte ich mir ein burgenländisches Bauchtänzerinnenduo (75) und einmal eine Liliputanertruppe (75). Das Beste war mir gerade gut genug. Wenn man schon einmal auf Urlaub ist, sollte man nicht kleinlich sein. Wenn man kleinlich sein will, bleibt man besser zu Hause oder kauft sich eine Orangenplantage.

Nach zwei wunderbaren Wochen verließ ich das Hotel. Prinz Weingartner händigte mir die von Seiner »Exzellenz«, dem Manager, gegengezeichnete Rechnung aus. Sie belief sich auf 12 000 Schilling. In dieser Summe waren auch die nicht pauschalierten Dienstleistungen enthalten, wie Seife (50,–), Information (431,–), Luftschöpfen am Abend (449,–) und ein paar andere Kleinigkeiten.

Mit männlichem Händedruck verabschiedete ich mich vom Personal. Dem Brigadier gab ich 100 Schilling, seinem Adjutanten 50 Schilling.

Während ich ins Taxi stieg, spielte sich an der Rezeption ein peinlicher Auftritt ab. Ein dicker, glatzköpfiger Herr erlitt dort gerade einen Wutanfall, riss allerlei Rechnungsformulare in kleine Fetzen und erging sich dabei in unzusammenhängenden Ausrufen – dass er nicht daran dächte, 2600 Schilling für 29 Portionen grillierter Kalbsleber zu bezahlen, die er weder bestellt noch verzehrt hätte, und dergleichen wirres Zeug. Es war wirklich beschämend. Kann man denn solche Lappalien in einem zivilisierten Land wie Österreich nicht anders regeln als durch unbeherrschtes Brüllen?

Tagebuch eines Haarspalters

9. Juni. Heute beim Abendessen sah ich im Fernsehen Yul Brynner und musste laut auflachen. Wie kann ein Mann, und noch dazu ein so berühmter Schauspieler, einen Glatzkopf haben! Einen, der von einer polierten Billardkugel kaum zu unterscheiden ist? So etwas müsste sich doch vermeiden lassen.

Unter Yul Brynners Einfluss trat ich an den Spiegel, um den Zustand meines Haupthaares zu prüfen. Nach einigen Minuten sorgfältiger Beobachtung schien es mir, als wäre der Haaransatz an den Schläfen ein wenig zurückgewichen. Nun, das kann den durchgeistigten Charakter meines Gesichtsausdrucks nur steigern. In meinem Alter und für einen glücklich verheirateten Brillenträger ist das ganz normal. Und weiter existiert dies »Problem« für mich nicht.

10. Juni. Zufällig fiel mein Blick heute nach der Morgentoilette auf meinen Kamm. Ich zählte 23 einzelne

Haare. Aber ich mache mir keine Sorgen. Mein Friseur, den ich zufällig in seinem Laden antraf, bestätigte mir, dass ein täglicher Ausfall von 10 bis 23 Haaren allgemein üblich sei. »Hat nichts zu bedeuten«, sagte er (und er muss es wissen). »Kahlköpfigkeit ist erblich. Nur Männer, deren Vorfahren Glatzen hatten, sind in Gefahr.«

Zu Hause geriet mir zufällig ein Familienbild meines Großvaters und seiner acht Brüder in die Hand. Alle hatten Glatzen. Ich finde, dass mein Friseur sich um sein Geschäft kümmern sollte, statt Fragen der Vererbungstheorie zu diskutieren und dummes Zeug zu schwätzen.

3. September. Es ist doch merkwürdig. Seit ich meinen Haaren so viel Aufmerksamkeit schenke, fallen sie aus. Natürlich merkt das niemand außer mir, der ich ihnen so viel Aufmerksamkeit schenke. Immerhin belief sich in der letzten Woche der tägliche Durchschnitt bereits auf 30. Kein Grund zur Beunruhigung, nein, nur zur Wachsamkeit. Ich schrieb an meine Lieblingszeitung um Auskunft und fand in der Rubrik »Ratgeber für Verliebte« folgende Antwort:

»*Wachsam, Tel Aviv.* Das Haar ist ein zarter, fadenförmiger Auswuchs an bestimmten Körperpartien der Säugetiere. Erfahrungsgemäß kann an bestimmten Körperpartien mancher Säugetiere Haarausfall eintreten. Bei Menschen männlichen Geschlechts ist das ein durchaus normaler Vorgang, der erst dann Beachtung

33

verdient, wenn er auffällige Dimensionen annimmt. Konsultieren Sie einen Arzt.«

Ich konsultierte einen Arzt. Er untersuchte mich auf Herz und Nieren, ferner auf Lunge, Blinddarm und Milz, prüfte meinen Blutdruck, röntgenisierte mich, machte einen Grundumsatz-Test, nahm ein Elektrokardiogramm ab und erklärte mich für vollkommen gesund. In Bezug auf meine Haare erklärte er, dass man da leider gar nichts tun könne. Wenn sie ausfallen, dann fallen sie aus.

11. Februar. Meine neue Frisur passt ausgezeichnet zur verschmitzten Koboldhaftigkeit meiner Gesichtszüge. Das ganze Haar vereinigt sich in einem lustigen kleinen Knäuel und reicht bis zu einer imaginären Verbindungslinie zwischen meinen beiden Ohren, von wo es salopp und ein wenig genialisch nach hinten ausstrahlt, über den haarlosen Rest meiner Kopfhaut.

In einem bemerkenswerten Artikel, der sich auf historische Unterlagen stützt, lese ich, dass eine Menge bedeutender Männer teilweise oder zur Gänze kahl waren: Dschingis Khan, Yul Brynner, Chruschtschow. Es gab sogar einen französischen König namens Karl der Kahle.

27. Mai. Mein Friseur sagt, dass glatzköpfige Männer zumeist begabter sind als die nicht glatzköpfigen, besonders auf gewissen Gebieten. Das ist eine wissenschaftlich erhärtete Tatsache. Aber ich hätte trotzdem nichts zu befürchten, sagte er. Er empfahl mir, meinen

Kopf zu rasieren, damit das natürliche Sonnenlicht besseren Zutritt zu meinen Haarwurzeln fände. Dadurch wird der Haarwuchs angeregt, und das Haar erhält wieder seine jugendliche Frische. Nicht als ob ich etwas dergleichen nötig hätte – ich ließ es ihn nur spaßeshalber versuchen. Als ich nachher in den Spiegel sah, wurde ich beinahe ohnmächtig: Das jugendlich brutale Gesicht eines Gangsters starrte mir entgegen. Ich versteckte mich in einer dunklen Ecke des Ladens. Nach Einbruch der Dunkelheit schlich ich nach Hause. Den sarkastischen Gesichtsausdruck der besten Ehefrau von allen werde ich nie vergessen. Samson, Samson, wie gut verstehe ich dich jetzt!

27. August. Heute habe ich mich zum ersten Mal wieder bei Tageslicht aus dem Haus gewagt. In meiner Klausur las ich zahlreiche Literatur über Chruschtschow und seine großen Leistungen. Chruschtschow hat bereits in früher Jugend sein Haar verloren. Ich kann mir nicht helfen, aber der Kommunismus ist nicht so ohne.

Dass meine Haare mittlerweile zum großen Teil verschwunden sind, rührt wahrscheinlich daher, dass sie drei Monate lang keinem Sonnenlicht ausgesetzt waren. Mein Kopf gleicht einer Mondlandschaft, die nur von einem kleinen Streifen üppiger Vegetation am Äquator unterbrochen wird. Ich war am Rande der Verzweiflung, als ich in der Zeitung das folgende Inserat entdeckte:

Ich war am Rande der Verzweiflung!
Mein Kopf glich einer Mondlandschaft, die nur
von einem kleinen Streifen üppiger Vegetation am
Äquator unterbrochen wurde.
Ich verzweifelte nicht!
Ich behandelte mein Haar mit dem
amerikanischen Wundermittel
Isotropium Superflex
und bin jetzt vollkommen geheilt sowie auch
glücklicher Vater dreier Kinder.
Erhältlich in armselig kleinen Probetuben für
Geizhälse zu 1,20 Pfund, in gigantischen Riesen-
tuben für den ökonomisch denkenden Ehemann
zu 9,80 Pfund.

Ich kaufte eine gigantische Riesentube, um den Prozess zu beschleunigen.

17. November. Eines muss man diesem Isotropium
Superflex lassen: Es hat den Prozess beschleunigt.

Die Zahl meiner Haare ist auf 27 gesunken, und ich
beginne die Welt mit abgeklärten Augen zu sehen.
Kein Zufall, liebe Leute, dass fast alle großen Indus-
triemagnaten, Wirtschaftskapitäne, Wissenschaftler
und Forscher glatzköpfig sind, besonders nach Über-
schreitung einer bestimmten Altersgrenze und wenn
sie verheiratet sind. Bei mir bemerkt man das allerdings noch nicht, weil ich mein Haar auf so raffinierte
Weise von hinten nach vorn kämme, dass es den zwin-
genden Eindruck erweckt, als sei es von vorn nach hin-

ten gekämmt. Dieser kleine Trick wird höchstens im Schwimmbad sichtbar, wenn meine Haare nass sind und an den Schultern kleben, was meine Kinder regelmäßig in Lachkrämpfe fallen lässt.

29. Januar. Ein hässlicher Zwischenfall vergällte mir heute die Laune. Ich hatte mich um Kinokarten angestellt, als ein Halbstarker an seine etliche Meter vor mir stehende Freundin die Frage richtete: »Wo ist Pogo?«

Das Mädchen – ein primitives, taktloses Geschöpf – deutete auf mich und sagte: »Er steht hinter dem Glatzkopf dort.«

Es war das erste Mal, dass ich eine solche Andeutung zu hören bekam. Vorausgesetzt, dass diese Ziege überhaupt mich gemeint hat. Angesichts meiner Frisur möchte ich das eher bezweifeln: Acht Haare laufen wellenförmig von links nach rechts, drei andere – Gusti, Lili und Modche – streben in rechtem Winkel auf sie zu und überschneiden sie schräg. Für den Hinterkopf sorgt Jossi. Nein, je länger ich darüber nachdenke, desto sicherer bin ich, dass dieses dumme kleine Mädelchen einen anderen gemeint haben muss.

Irgendeinen Glatzkopf.

2. März. Ich werde immer abgeklärter und reifer. Mein wachsendes Interesse an religiösen Problemen hat ein neues Lebensgefühl in mir geweckt, und die großartige Strahlkraft der Tradition tut ein Übriges. Ich entdecke den tiefen Sinn unserer Gebote und Gesetze. Zumal den Sabbat beachte ich aufs Strengste und halte meinen Kopf ständig bedeckt – wie man weiß, ein Zeichen geistiger Überlegenheit (Levitikus VIII, 9). Unter meiner Kopfbedeckung herrscht eiserne Disziplin.

Bei der heutigen Morgenparade fehlte Gusti. Ich führte eine nochmalige Aufrufkontrolle durch und musste feststellen, dass die Gesamtzahl der Erschienenen sich auf 4 belief. Später fand ich Gusti leblos an meinem Hemdkragen. Es war das längste und stärkste von allen Haaren, die ich noch hatte. Unerforschlich sind die Wege des Schicksals. Ich warf Modche in die Bresche und bürstete ihn ein wenig auf, damit er nach mehr aussähe, als er ist. Abigail wird grau.

13. April. Nun ist Jossi ganz allein. Der Friseur erging sich in Lobeshymnen über ihn und schlug mir vor, ihn im Interesse einer kräftigen Wiedergeburt abzurasieren. Ich ließ das nicht zu. Ich möchte kein zweites Mal wie ein Glatzkopf aussehen. Ich spendierte Jossi ein Chlorophyll-Shampoo gegen Schuppenbildung. Als er trocken war, legte ich ihn im Zickzack über meinen Kopf. Er soll Grund und Boden haben, so viel er will.

28. Juli. Das Unvermeidliche ist geschehen. Jossi ist nicht mehr. Er verfing sich im Innenleder meines Hutes und wurde mit der Wurzel ausgerissen. Mir fiel das tragische Ende der Isadora Duncan ein. Selbstmord?

29. Juli. Die beste Ehefrau von allen wird sich damit abfinden müssen, dass ich eine gewisse Neigung zur Kahlköpfigkeit habe.

Bargeldloser Verkehr

Es begann, wie schon manches Unglück begonnen hat, mit Zahnschmerzen. Der Zahnarzt entdeckte in einem meiner Zähne ein Loch, gab mir eine Injektion, griff zum Bohrer, bohrte – und stellte mittendrin den Bohrer wieder ab.

»Bedaure«, sagte er, während er aus seinem Kittel schlüpfte. »Eine weitere Behandlung ist für mich nicht der Mühe wert.«

Ich lag hilflos im Operationssessel, eine Klammer im Mund, unfähig zu sprechen.

»Mein Nettoeinkommen beträgt bereits 1000 Pfund monatlich«, sagte der Zahnarzt und fing an, seine Instrumente zu reinigen. »Von jedem weiteren Pfund, das ich jetzt noch verdiene, muss ich 80 Prozent Steuern zahlen. Das ist nicht der Mühe wert.«

Ich gab ihm durch verzweifelte Gebärden zu verstehen, dass es mir trotzdem lieber wäre, wenn er die Behandlung fortsetze.

»Es ist auch für Sie nicht der Mühe wert.« Mit diesen Worten erlöste er mich von der Klammer. »Sie müssen 3000 Pfund verdienen, um 600 zu behalten und meine Rechnung zahlen zu können. Mir bleiben dann, nach Versteuerung dieser Summe, noch 120

Pfund, mit denen ich den Fahrlehrer meiner Frau bezahlen wollte. Anders ausgedrückt: Von den 3000 Pfund, die Sie verdienen, bekommt der Fahrlehrer 120, von denen ihm 24 bleiben.«

»Immerhin netto«, entgegnete ich zaghaft.

»Das stimmt. Besser gesagt, es würde stimmen, wenn der Fahrlehrer sein Stundenhonorar nicht auf 48 Pfund netto verdoppelt hätte. Das bedeutet, dass ich Ihre Zahnarztrechnung verdoppeln müsste, um den Fahrlehrer bezahlen zu können. Und jetzt frage ich Sie nochmals, ist das für Sie der Mühe wert?«

Ich antwortete mit einer Gegenfrage, die zum ständigen Wortschatz eines durchschnittlichen Bürgers gehört.

»Habe ich von Ihnen eine Empfangsbestätigung verlangt?«

»Pfiffig, pfiffig.« Der Zahnarzt wiegte anerkennend den Kopf. »Aber ich will keine Scherereien haben. Ich gebe der Steuerbehörde mein ganzes Einkommen an.«

»Dann haben Sie ein gutes Gewissen und ich ein Loch im Zahn.«

»Nicht unbedingt. Sie können die 48 Pfund direkt an den Fahrlehrer meiner Frau auszahlen. Damit wären wir beide gedeckt.«

»Und was soll ich den Leuten von der Steuer sagen, wenn sie in den Büchern des Fahrlehrers entdecken, dass ich die Stunden Ihrer Frau bezahle?«

»Sagen Sie ihnen, dass meine Frau Ihre Geliebte ist.«

»Kann ich ein Foto von ihr sehen?«

»Ich dachte lediglich an die Steuer.«

Nach einigem Hin und Her überredete ich ihn, die Bohrarbeiten in der folgenden Woche fortzusetzen. Leider ergaben sich Schwierigkeiten mit dem Fahrlehrer. »Bis Ende August«, teilte er mir mit, »rühre ich kein Geld mehr an, sonst komme ich in eine höhere Steuerklasse. Nichts zu machen.«

»Könnte ich vielleicht Ihre Rechnung beim Lebensmittelhändler übernehmen?«

»Die zahlt schon der Möbelfabrikant, dem ich Fahrunterricht gebe. Ich bin sehr gut organisiert, müssen Sie wissen. Der Anstreicher, der bei mir Motorradfahren lernt, hat anstelle eines Honorars die Wohnung meiner Schwester ausgemalt. Meine Garagenrechnung zahlt ein Modezeichner. Können Sie singen?«

»Nicht sehr gut.«

»Schade. Sonst hätte ich bei Ihnen Gesangsstunden genommen. Sammeln Sie Briefmarken?«

»Nicht der Rede wert.«

»Hm. Warten Sie. Wenn Sie für den Fahrunterricht, den ich der Frau Ihres Zahnarztes gebe, unseren Babysitter bezahlen – wie wäre das?«

Ich hielt das für eine gute Lösung, aber die junge Dame, die bei Fahrlehrers als Babysitter engagiert war, hatte Bedenken. Sie nähme von fremden Männern kein Geld, sagte sie und gab ihren Widerstand auch dann nicht auf, als ich ihr Empfehlungsschreiben von meinem Installateur, meinem Gärtner, dem Schönheitssalon meiner Frau und von meinem Rechtsanwalt vorlegte, die alle bezeugten, dass ich meine Rechnungen immer pünktlich, immer in bar und immer ohne Empfangsbestätigung unter dem Tisch bezahle.

»Nein, ich will mich niemandem in die Hand geben«, beharrte sie. »Tut Ihnen der Zahn sehr weh?«

»Es wird jeden Tag schlimmer.«

»Dann kaufen Sie mir Kontaktlinsen.«

»Gern. Aber was soll ich der Steuerbehörde sagen, wenn sie in den Büchern des Optikers entdeckt …«

»Sagen Sie einfach, dass ich Ihre Geliebte bin.«

»Bedaure, die Stelle ist schon besetzt. Brauchen Sie vielleicht einen Regenmantel?«

»Noch vor ein paar Wochen hätte ich einen gebraucht. Aber jetzt hat das junge Ehepaar in unserem Haus ein Baby bekommen, auf das ich aufpassen muss … Wissen Sie was? Sie zahlen mir ein Wochenende in Tiberias mit voller Pension.«

Der Vorschlag gefiel mir.

»Ein Wochenendzimmer für den Babysitter des Fahrlehrers wäre unter Umständen noch frei«, sagte der Hotelbesitzer. »Aber nicht telefonisch.«

Ich setzte mich in den Wagen und fuhr nach Tiberias, um die Angelegenheit ins Reine zu bringen.

»Lassen Sie mich sehen.« Der Hotelbesitzer blätterte in seinen geheimen Aufzeichnungen. »Der erste Stock ist bereits ausgebucht. Da wohnt der Musiklehrer meiner Tochter, der Besitzer unserer Wäscherei und in der großen Suite unser Steuerberater. Bei uns wird nur noch in Sach- und Tauschwerten bezahlt. Geld nehmen wir nicht, weil wir sonst 80 Prozent …«

»Ich weiß, ich weiß. Aber wie soll ich dann meine

Rechnung für den Babysitter bezahlen? Haben Sie ein Kleinkind zur Verfügung?«

»Nein.«

»Kann ich bei Ihnen Teller waschen?«

»Im Augenblick nichts frei. Aber da fällt mir etwas ein: Sie können meinen Zahnarzt bezahlen.«

Und so schloss sich der Kreis. Der Zahnarzt des Hotelbesitzers nahm kein Geld an, um nicht in eine höhere Steuerklasse zu kommen. Er verlangte stattdessen ein Flugticket nach Uruguay für seine Schwiegermutter, das ich gegen 3000 Eier erstand, mit denen die Redaktion einer führenden Wochenzeitung mein Honorar abgegolten hatte. Der Zahn wurde mir übrigens von einem Pfuscher bar gezogen. Der Mann wurde gestern verhaftet.

Koexistenz mit Ameisen

Ebenerdige Wohnungen haben einen Vorteil und einen Nachteil. Der Vorteil: dass man keine Treppen steigen muss. Der Nachteil: dass auch die Ameisen keine Treppen steigen müssen.

Jeden Morgen überschreitet eine Armee von Ameisen unsere Schwelle, kriecht die Küchenwand hinauf, bis sie den Brotkorb erreicht hat, und verteilt sich über die Abwaschbecken. Von diesen Ausgangspositionen beginnt ein nimmermüdes Kommen und Gehen, das den ganzen Tag lang anhält, zweifellos nach einem wohldurchdachten System, von dem wir aber nichts weiter zu sehen bekommen als die Ameisen. Und dieses Jahr ist ein besonders ameisenreicher Sommer.

»Nur ein paar von ihnen zu erschlagen, hilft nichts«, entschied die beste Ehefrau von allen. »Man muss das Nest aufspüren.«

Wir verfolgten die Prozession in entgegengesetzter Richtung. Sie führte in den Garten, verschwand kurzfristig unterm Gesträuch, kam wieder an die Oberfläche und verlief im Zickzack nach Norden.

An der Stadtgrenze hielten wir inne.

»Sie kommen von auswärts.« Schwer atmend wandte meine Frau sich um. »Aber wie haben sie den Weg in unser Haus gefunden?«

Solche Fragen kann natürlich nur die Ameisenkönigin beantworten. Die arbeitenden Massen vertrauen ihren Gewerkschaftsführern, erfüllen ihr Arbeitspensum und schleppen ab, was abzuschleppen ist.

Nach einigen Tagen sorgfältiger Beobachtung kaufte meine Frau ein bestens empfohlenes Ameisenpulver und bestreute das Aufmarschterrain von der Hausschwelle bis zur Küche und weiter hinauf mit dem tödlichen Gift. Am nächsten Morgen kamen die Ameisen nur langsam vorwärts, weil sie die vielen kleinen Pulverhügel übersteigen mussten. Eine andere Wirkung zeigte sich nicht. Als Nächstes setzten wir eine Insektenspritze ein. Die Vorhut fiel, die Hauptstreitkräfte marschierten weiter. »Sie sind sehr widerstandsfähig, das muss man ihnen lassen«, stellte meine psychologisch geschulte Gattin fest und wusch die ganze Küche mit Karbol.

Zwei Tage lang blieben die Ameisen weg. Wir auch.

Nach Abschluss der kurzen Feier erschienen die Ameisenregimenter in voller Stärke und legten noch größeren Eifer an den Tag als zuvor. Unter anderem entdeckten sie den Tiegel mit Hustensirup. Sie haben nie wieder gehustet.

Die beste Ehefrau von allen distanzierte sich von ihren anfangs verkündeten Grundsätzen und begann, die Ameisen einzeln zu töten, Tausende an jedem Morgen. Dann ließ sie es sein.

»Es kommen immer neue«, seufzte sie. »Eine unerschöpfliche Masse. Wie die Chinesen.«

Irgendjemand gab ihr einen Tipp: Angeblich können Ameisen den Geruch von Gurken nicht vertragen. Am nächsten Tag war unsere Küche mit Gurken gepflastert, aber die Ameisen hatten die Neuigkeit offenbar nicht gehört und nahmen ihren Weg nach kurzem Schnuppern zwischen den Gurken hindurch. Einige kicherten sogar. Wir riefen das Gesundheitsamt an und baten um Rat.

»Was tut man, um Ameisen jemals wieder loszuwerden?«

»Das möchte ich selbst gerne wissen«, antwortete der Beamte. »Ich habe die Küche voller Ameisen.«

Nach ein paar weiteren, kläglich gescheiterten Abwehrversuchen entschlossen wir uns, den ungleichen Kampf aufzugeben. Während wir frühstücken, zieht die Ameisenprozession an uns vorüber und nimmt die gewohnten Stellungen ein, ohne uns weiter zu stören. Wir brauchen uns nicht darum zu kümmern, ob alles in Ordnung ist. Es ist alles in Ordnung. Die Ameisen gehören zum Haus. Sie kennen uns bereits und behandeln uns mit reservierter Höflichkeit, wie es unter Gegnern, die gelernt haben, einander zu respektieren, zur Tradition gehört. Es ist ein nachahmenswertes Beispiel friedlicher Koexistenz.

Ein Vater wird geboren

Gegen Morgen setzte sich meine Frau, bekanntlich die beste Ehefrau von allen, im Bett auf, starrte eine Weile in die Luft, packte mich an der Schulter und sagte:

»Es geht los. Hol ein Taxi.«

Ruhig, ohne Hast, kleideten wir uns an. Dann und wann raunte ich ihr ein paar beruhigende Worte zu, aber das war eigentlich überflüssig. Wir beide sind hochentwickelte Persönlichkeiten von scharf ausgeprägter Intelligenz, und uns beiden ist klar, dass es sich bei der Geburt eines Kindes um einen ganz normalen biologischen Vorgang handelt, der sich seit Urzeiten immer wieder milliardenfach wiederholt und schon deshalb keinen Anspruch hat, als etwas Besonderes gewertet zu werden.

Während wir uns gemächlich zum Aufbruch anschickten, fielen mir allerlei alte Witze oder Witz-Zeichnungen ein, die sich über den Typ des werdenden Vaters auf billigste Weise lustig machen und ihn als kettenrauchendes, vor Nervosität halb wahnsinniges Wrack im Wartezimmer der Gebärklinik darzustellen lieben. Nun ja. Wir wollen diesen Scherzbolden das Vergnügen lassen. Im wirklichen Leben geht es anders zu.

»Möchtest du nicht ein paar Illustrierte mitnehmen, Liebling?«, fragte ich. »Du sollst dich nicht langweilen.«

Wir legten die Zeitschriften zuoberst in den kleinen Koffer, in dem sich auch etwas Schokolade und, natürlich, die Strickarbeit befand. Das Taxi fuhr vor. Nach bequemer Fahrt erreichten wir die Klinik. Der Portier notierte die Daten meiner Frau und führte sie zum Aufzug. Als ich ihr folgen wollte, zog er die Gittertür dicht vor meinem Gesicht zu.

»Sie bleiben hier, Herr. Oben stören Sie nur.«

Gewiss, er hätte sich etwas höflicher ausdrücken können. Trotzdem muss ich zugeben, dass er nicht ganz unrecht hatte. Wenn die Dinge einmal so weit sind, kann der Vater sich nicht mehr nützlich machen, das ist offenkundig. In diesem Sinne äußerte sich auch meine Frau.

»Geh ruhig nach Hause«, sagte sie, »und mach deine Arbeit wie immer. Wenn du Lust hast, geh am Nachmittag ins Kino. Warum auch nicht.«

Wir tauschten einen Händedruck, und ich entfernte mich federnden Schrittes. Mancher Leser wird mich jetzt für kühl oder teilnahmslos halten, aber das ist nun einmal meine Wesensart: nüchtern, ruhig, vernünftig – kurzum: ein Mann.

Ich sah mich noch einmal in der Halle der Klinik

47

um. Auf einer niedrigen Bank in der Nähe der Portiersloge saßen dicht gedrängt ein paar bleiche Gesellen, kettenrauchend, lippennagend, schwitzend. Lächerliche Erscheinungen, diese »werdenden Väter«. Als ob ihre Anwesenheit irgendeinen Einfluss auf den vorgezeichneten Gang der Ereignisse hätte!

Manchmal geschah es, dass eine vor Aufregung zitternde Gestalt von draußen auf die Portiersloge zustürzte und atemlos hervorstieß: »Schon da?«

Dann ließ der Portier seinen schläfrigen Blick über die vor ihm liegenden Namenslisten wandern, stocherte in seinen Zähnen, gähnte und sagte gleichgültig: »Mädchen.«

»Gewicht?«

»Zweifünfundneunzig.«

Darauf sprang der neugebackene Vater auf meinen Schoß und wisperte mir mit heißer, irrsinniger Stimme immer wieder »zweifünfundneunzig, zweifünfundneunzig« ins Ohr, der lächerliche Tropf. Wen interessierte schon das Lebendgewicht seines Wechselbalgs? Kann meinetwegen auch zehn Kilo wiegen. Wie komisch wirkt doch ein erwachsener Mann, der die Kontrolle über sich verloren hat. Nein, nicht komisch. Mitleiderregend.

Ich beschloss, nach Hause zurückzukehren und mich meiner Arbeit zu widmen. Auch waren mir bereits die Zigaretten ausgegangen. Dann fiel mir ein, dass ich vielleicht doch besser noch ein paar Worte mit dem Arzt sprechen sollte. Vielleicht brauchte er irgendetwas. Eine Aufklärung, einen kleinen Ratschlag. Natürlich war das nur eine Formalität, aber auch Formalitäten wollen erledigt sein.

Ich durchquerte den Vorraum und versuchte den Aufgang zur Klinik zu passieren. Der Portier hielt mich zurück. Auch als ich ihn informierte, dass mein Fall ein besonderer Fall sei, zeigte er sich in keiner Weise beeindruckt. Zum Glück kam in diesem Augenblick der Arzt die Stiegen herunter. Ich stellte mich vor und fragte ihn, ob ich ihm irgendwie behilflich sein könnte.

»Kommen Sie um fünf Uhr nachmittags wieder«, lautete seine Antwort. »Bis dahin würden Sie hier nur Ihre Zeit vergeuden.«

Nach diesem kurzen, aber aufschlussreichen Gedankenaustausch machte ich mich beruhigt auf den Heimweg. Ich setzte mich an den Schreibtisch, merkte aber bald, dass es heute mit der Arbeit nicht so recht klappen würde. Das war mir nie zuvor geschehen, und ich begann intensive Nachforschungen anzustellen, woran das denn wohl läge. Zu wenig Schlaf? Das Wetter? Oder störte mich die Abwesenheit meiner Frau? Ich wollte diese Möglichkeit nicht restlos ausschließen. Auch wäre die kühle Distanz, aus der ich die Ereignisse des Lebens sonst zu betrachten pflege, diesmal nicht ganz am Platze gewesen. Das Ereignis, das mir jetzt bevorstand, begibt sich ja schließlich nicht jeden Tag, auch wenn der Junge vermutlich ein Kind wie alle anderen sein wird, gesund, lebhaft, aber nichts Außergewöhnliches. Er wird seine Studien erfolgreich hinter sich bringen und dann die Diplomatenlaufbahn ergreifen. Schon aus diesem Grund sollte er einen Namen bekommen, der einerseits hebräisch ist und andererseits auch Nichtjuden leicht von der Zunge geht. Etwa Rafael. Nach dem großen niederländischen Maler. Am Ende wird der Schlingel noch Außenminister, und dann können sie in den Vereinten Nationen nicht einmal seinen Namen aussprechen. Man muss immer an die höheren Staatsinteressen denken. Übrigens soll er nicht allzu früh heiraten. Er soll Sport betreiben und an den Olympischen Spielen teilnehmen, wobei es mir vollkommen gleichgültig ist, ob er das Hürdenlaufen gewinnt oder das Diskuswerfen. In dieser Hinsicht bin ich kein Pedant. Und natürlich muss er alle Weltsprachen beherrschen. Und in der Aerodynamik Bescheid wissen. Wenn er sich allerdings mehr für Kernphysik interessiert, dann soll er eben Kernphysik studieren.

Und wenn es ein Mädchen wird?

Eigentlich könnte ich jetzt in der Klinik anrufen.

Gelassen, mit ruhiger Hand, hob ich den Hörer ab und wählte.

»Nichts Neues«, sagte der Portier. »Wer spricht?«

Ein sonderbar heiserer Unterton in seiner Stimme ließ mich aufhorchen. Ich hatte den Eindruck, als ob er mir etwas verheimlichen wollte. Aber die Verbindung war bereits unterbrochen.

Ein wenig nervös durchblätterte ich die Zeitung.

»Geburt einer doppelköpfigen Ziege in Peru.«

Was diese Idioten erfinden, um ihr Blättchen zu füllen! Man müsste alle Journalisten vertilgen.

Im Augenblick habe ich freilich Dringenderes zu tun. Zum Beispiel darf ich meinen Kontakt mit dem Arzt nicht gänzlich einschlafen lassen.

Ich sprang in ein Taxi, fuhr zur Klinik und hatte das Glück, unauffälligen Anschluss an eine größere Gesellschaft zu finden, die sich gerade zu einer Beschneidungsfeier versammelte.

»Schon wieder Sie?«, bellte der Doktor, als ich ihn endlich gefunden hatte. »Was machen Sie hier?«

»Ich bin zufällig vorbeigekommen und dachte, dass ich mich vielleicht erkundigen könnte, ob es etwas Neues gibt. Gibt es etwas Neues?«

»Ich sagte Ihnen doch, dass Sie erst um fünf Uhr kommen sollen! Oder noch besser: Kommen Sie gar nicht. Wir verständigen Sie telefonisch.«

»Ganz wie Sie wünschen, Herr Doktor. Ich dachte nur …«

Er hatte recht. Dieses ewige Hin und Her war vollkommen sinnlos und eines normalen Menschen unwürdig. Ich wollte mich nicht auf die gleiche Stufe stellen mit diesen kläglichen Gestalten, die sich immer noch bleich und zitternd auf der Bank vor der Portiersloge herumdrückten.

Aus purer Neugier nahm ich unter ihnen Platz, um ihr Verhalten vom Blickpunkt des Psychologen aus zu analysieren. Mein Sitznachbar erzählte mir unaufgefordert, dass er der Geburt seines dritten Kindes entgegensähe. Zwei hatte er schon, einen Knaben (3,15 kg) und ein Mädchen (2,7 kg). Andere Bankbenützer ließen Fotografien herumgehen. Aus Verlegenheit, und wohl auch um den völlig haltlosen Schwächlingen einen kleinen Streich zu spielen, zog ich ein Bild meiner Frau aus dem achten Monat hervor.

»Süß«, ließen sich einige Stimmen vernehmen. »Wirklich herzig.«

Während ich ein neues Päckchen Zigaretten kaufte, beschlich mich das dumpfe Gefühl, etwas Wichtiges vergessen zu haben. Ich fragte den Portier, ob es etwas Neues gäbe. Der ungezogene Lümmel machte sich nicht einmal die Mühe einer artikulierten Auskunft. Er schüttelte nur den Kopf. Eigentlich schüttelte er ihn nicht einmal, sondern drehte ihn gelangweilt in eine andere Richtung.

Nach zwei Stunden begab ich mich in das Blumengeschäft auf der gegenüberliegenden Straßenseite, rief von dort aus den Arzt an und erfuhr von einer weiblichen Stimme, dass ich erst am Morgen wieder anrufen sollte. Es war, wie sich auf Befragen erwies, die Telefonistin. So springt man hierzulande mit angesehenen Bürgern um, die das Verbrechen begangen haben, sich um die nächste Generation zu sorgen.

Dann also ins Kino. Der Film handelte von einem jungen Mann, der seinen Vater hasst. Was geht mich dieser Bockmist aus Hollywood an. Außerdem wird es ein Mädchen. Im Unterbewusstsein hatte ich mich längst darauf eingestellt. Ich könnte sogar sagen, dass ich es schon längst gewusst habe. Ich hätte nichts dagegen einzuwenden, dass sie Archäologin wird, wenn sie nur keinen Piloten heiratet. Nichts da. Unter gar keinen Umständen akzeptiere ich einen Piloten als Schwiegersohn. Um Himmels willen – über kurz oder lang bin ich Großpapa. Wie die Zeit vergeht. Aber warum ist es hier so dunkel? Wo bin ich? Ach ja, im Kino. Zu dumm.

Ich tastete mich hinaus. Die kühle Luft erfrischte mich ein wenig. Nicht sehr, nur ein wenig. Und was jetzt?

Vielleicht sollte ich in der Klinik nachfragen.

Ich erstand zwei große Sträuße billiger Blumen, weil man als Botenjunge eines Blumengeschäftes in jede Klinik Zutritt hat, warf dem Portier ein tonlos geschäftiges »Zimmer 24« hin und bewerkstelligte unter dem Schutz der Dunkelheit meinen Eintritt.

Um den Mund des Arztes wurden leichte Anzeichen von Schaumbildung bemerkbar.

»Was wollen Sie mit den Blumen, Herr? Legen Sie sie auf Eis, Herr! Und wenn Sie nicht verschwinden, lasse ich Sie hinauswerfen!«

Ich versuchte ihm zu erklären, dass es sich bei den Blumen lediglich um eine List gehandelt hätte, die mir den Eintritt in die Klinik ermöglichen sollte.

Natürlich, so fügte ich hinzu, wüsste ich ganz genau, dass noch nichts los sei, aber ich dachte, dass vielleicht doch etwas los sein könnte.

Der Doktor sagte etwas offenbar Unfreundliches auf Russisch und ließ mich stehen.

Auf der Straße draußen fiel mir plötzlich ein, was ich vorhin vergessen hatte: Ich hatte seit vierundzwanzig Stunden keine Nahrung zu mir genommen.

Rasch nach Hause zu einem kleinen Imbiss. Aber aus irgendwelchen Gründen blieb mir das Essen in der Kehle stecken, und ich musste mit einigen Gläsern Brandy nachhelfen. Dann schlüpfte ich in meinen Pyjama und legte mich ins Bett.

Wenn ich nur wüsste, warum sich die Geburt dieses Kindes so lange verzögert.

Wenn ich es wüsste? Ich weiß es. Es werden Zwillinge. Das ist so gut wie sicher. Zwillinge. Auch recht. Da bekommt man alles, was sie brauchen, zu Engrospreisen. Ich werde ihnen eine praktische Erziehung angedeihen lassen. Sie sollen in die Textilbranche gehen und niemals Mangel leiden. Nur dieses entsetzliche Summen in meinem Hinterkopf müsste endlich aufhören. Und das Zimmer dürfte sich nicht länger drehen. Ein finsteres Zimmer, das sich trotzdem dreht, ist etwas sehr Unangenehmes.

Der Portier gibt vor, noch nichts zu wissen. Möge er eines qualvollen Todes sterben, der Schwerverbrecher. Sofort nach der Geburt meiner Tochter rechne ich mit ihm ab. Er wird sich wundern.

Rätselhafterweise sind mir schon wieder die Zigaretten ausgegangen. Wo bekommt man so spät in der Nacht noch Zigaretten? Wahrscheinlich nur in der Klinik.

Ich sauste zur Bushaltestelle, wurde aber von einem Hausbewohner eingeholt, der mich aufmerksam machte, dass ich keine Hosen anhatte.

»Wie überaus dumm und kindisch von mir!«, lachte ich, sauste zurück, um mir die Hosen anzuziehen, und konnte trotzdem nicht aufhören, immer weiter zu lachen. Erst in der Nähe der Klinik erinnerte ich mich an Gott. Im Allgemeinen bete ich nicht, aber jetzt kam es mir wie selbstverständlich von den Lippen.

»Herr im Himmel, bitte hilf mir nur dieses eine Mal, lass das Mädchen einen Buben sein und wenn möglich einen normalen, nicht um meinetwillen, sondern aus nationalen Gründen, wir brauchen junge, gesunde Pioniere ...«

Nächtliche Passanten gaben mir zu bedenken, dass ich mir eine Erkältung zuziehen würde, wenn ich so lange auf dem nassen Straßenpflaster kniete.

Der Portier machte bei meinem Anblick schon von Weitem die arrogante Gebärde des halben Kopfschüttelns.

Mit gewaltigem Anlauf warf ich mich gegen das Gittertor, das krachend aufsprang, rollte auf die Milchglastür zu, kam hoch, hörte das Monstrum hinter mir brüllen ... brüll du nur, du Schandfleck des Jahrhunderts ... wer mich jetzt aufzuhalten versucht, ist selbst an seinem Untergang schuld ...

»Doktor! Doktor!« Meine Stimme hallte schaurig durch die nachtdunklen Korridore. Und da kam auch schon der Arzt herangerast.

»Wenn ich Sie noch einmal hier sehe, lasse ich Sie von der Feuerwehr retten! Sie sollten sich schämen! Nehmen Sie ein Beruhigungsmittel, wenn Sie hysterisch sind!«

Hysterisch? Ich hysterisch? Der Kerl soll seinem guten Stern danken, dass ich mein Taschenmesser kurz nach der Bar-Mizwa verloren habe, sonst würde ich ihm jetzt die Kehle aufschlitzen. Und so etwas nennt sich Arzt. Ein Wegelagerer in weißem Kittel. Ein getarnter Mörder, nichts anderes. Ich werde an die Regierung einen Brief schreiben, den sie sich hinter den Spiegel stecken wird. Und von dieser Bank bei der Portiersloge weiche ich keinen Zoll, ehe man mir nicht mein Kind ausliefert. Hat jemand von den Herren vielleicht eine Zigarette? Beim Portier kann ich keine mehr kaufen, er verfällt in nervöse Zuckungen, wenn er mich nur sieht. Na wennschon! Natürlich bin ich aufgeregt. Wer wäre das in meiner Lage nicht. Schließlich ist heute der Geburtstag meines Sohnes. Auch wenn die Halle sich noch so rasend dreht und das Summen in meinem Hinterkopf nicht und nicht aufhören will …

Es geht auf Mitternacht, und noch immer nichts. Wie glücklich ist doch meine Frau, dass ihr diese Aufregung erspart bleibt. Guter Gott – und jetzt haben sie womöglich entdeckt, dass sie gar nicht schwanger ist, sondern nur einen aufgeblähten Magen hat vom vielen Popcorn. Diese Schwindler. Nein, Rafael wird nicht die Diplomatenlaufbahn ergreifen. Das Mädel soll Kindergärtnerin werden. Oder ich schicke die beiden in einen Kibbuz. Mein Sohn wird für meine Sünden büßen, ich sehe es kommen. Ich würde ja selbst in einen Kibbuz gehen, um das zu verhindern, aber ich habe keine Zigaretten mehr. Bitte um eine Zigarette, meine Herren, eine letzte Zigarette.

Es ist vorüber. Etwas Fürchterliches ist geschehen.

Ich spüre es. Mein Instinkt hat mich noch nie betrogen. Das Ende ist da …

Auf allen vieren schleppte ich mich zur Portiersloge. Ich brachte kein Wort hervor. Ich sah meinen Feind aus flehentlich aufgerissenen Augen an.

»Ja«, sagte er. »Ein Junge.«

»Was?«, sagte ich. »Wo?«

»Ein Junge«, sagte er. »Dreieinhalb Kilo.«

»Wieso?«, sagte ich. »Wozu?«

»Hören Sie«, sagte er. »Heißen Sie Ephraim Kishon?«

»Einen Augenblick«, sagte ich. »Ich weiß es nicht genau.«

Ich zog meinen Personalausweis heraus und sah nach. Tatsächlich: Es sprach alles dafür, dass ich Ephraim Kishon hieß.

»Bitte?«, sagte ich. »Was kann ich für Sie tun, gnädige Frau?«

»Sie haben einen Sohn!«, röhrte der Portier. »Dreieinhalb Kilo! Einen Sohn! Verstehen Sie? Einen Sohn von dreieinhalb Kilo …«

Ich schlang meine Arme um ihn und versuchte sein überirdisch schönes Antlitz zu küssen. Der Kampf dauerte eine Weile und endete unentschieden. Dann entrang sich meiner Kehle ein fistelndes Stöhnen. Ich stürzte hinaus.

Natürlich kein Mensch auf der Straße. Gerade jetzt, wo man jemanden brauchen würde, ist niemand da.

Wer hätte gedacht, dass ein Mann meines Alters noch Purzelbäume schlagen kann.

Ein Polizist erschien und warnte mich vor einer Fortsetzung der nächtlichen Ruhestörung. Rasch umarmte ich ihn und küsste ihn auf beide Backen.

»Dreieinhalb Kilo«, brüllte ich ihm ins Ohr. »Dreieinhalb Kilo!«

»Maseltow!«, rief der Polizist. »Gratuliere!«

Und er zeigte mir ein Foto seiner kleinen Tochter.

Schnarcherei

Nein, das war nicht der liebe, alte, junge, fröhliche Gerschon, wie wir ihn kennen und lieben.

»Meine Ehe ist gescheitert«, klagte er, »nach 27 glücklichen Jahren. Aus.«

Er blickte traurig auf seinen Ehering. Auch um seine Augen lagen Ringe.

»Es begann ungefähr vor einem Monat«, erzählte er. »Wir gingen sehr früh schlafen, Gloria und ich, weil der Fernseher in Reparatur war. Wir fielen todmüde ins Bett, schliefen sofort ein, und dann um zwei Uhr in der Früh passierte es.«

»Was passierte?«

»Gloria weckte mich. ›He!‹, sagte sie. ›Du schnarchst wie eine Motorsäge, Gersch.‹ Ich war höchst erstaunt. Ich? Schnarchen? Ein so gesunder Mensch wie ich, der nichts auf der Welt so sehr hasst wie Lärm? Kurz, um fünf weckte sie mich weniger zärtlich. ›Verflucht und zugenäht, du gibst Geräusche von dir wie ein Bulldozer.‹ Ich vergrub mich tief in meine Decken und dachte nach. Träumte mir, ich sei ein junger, hungriger Löwe oder gar ein alter, rostiger Presslufthammer?«

»Mach dir nichts draus, Gerschon«, bemerkte ich, »jeder von uns schnarcht hin und wieder.«

»Hin und wieder, aber doch nicht ununterbrochen so wie ich. Die folgende Nacht war noch schlimmer. Gegen Morgen schüttete mir Gloria ein Glas kaltes Wasser ins Gesicht. ›Ich halte das nicht mehr aus, Gersch!‹, schrie sie. ›Kannst du denn nichts dagegen tun?‹ O ja, ich hätte schon eine Lösung gewusst. Seit Jahren wollte ich ihr getrennte Schlafzimmer vorschlagen, da ich es liebe, vor dem Einschlafen im Bett ungarische Kreuzworträtsel zu lösen. Aber ich habe nie gewagt, es ihr zu sagen, weil ich fürchtete, ihre Gefühle zu verletzen.«

»Sag mal«, fragte ich Gerschon, »liegst du beim Schlafen vielleicht auf dem Rücken?«

»Das wollte mein Hausarzt auch wissen. Er hat mir übrigens geraten, vor dem Schlafengehen ein heißes Fußbad zur Beruhigung zu nehmen. Aber auch das hat nichts geholfen. Gloria musste mich trotzdem jede Nacht mehrere Male wegen meiner Schnarcherei wecken. Am Ende der Woche war ich reif für die Klapsmühle.«

»Erstaunlich, dass du überhaupt noch einschlafen konntest«, entgegnete ich.

»Wer sagt, dass ich konnte? Im Gegenteil! Inzwischen war ich in derart panischer Angst davor, zu schnarchen, dass ich nicht mehr einschlafen konnte.

Ich starrte im Dunkeln an die Decke und lauschte Glorias ruhigen, gleichmäßigen Atemzügen. Zum Teufel, die Frau atmet so regelmäßig wie ein Metronom, sagte ich mir. Warum, um alles in der Welt, schnarcht sie nicht auch? Und da kam mir die rettende Idee. Ich beugte mich über mein Metronom, rüttelte es wach und sagte bissig: ›Weißt du eigentlich, mein Schatz, dass du auch schnarchst? Und zwar so laut, dass du eine Familiengruft aufwecken könntest?‹ Gloria war wie vor den Kopf gestoßen. ›Ich? Schnarchen? Du spinnst ja!‹ Nun, um es kurz zu machen, in dieser Nacht weckte ich sie viermal auf. In der Früh sagte ich scheinheilig, wahrscheinlich sei alles meine Schuld, denn vermutlich hätte ich sie angesteckt ...«

»Blödsinn«, bemerkte ich, »Schnarchen ist nicht ansteckend.«

»Wem sagst du das? Die gute Gloria hatte ja auch keinen einzigen Laut von sich gegeben. Ich war nur in die Gegenoffensive gegangen.«

»Dir ist hoffentlich klar, dass das sehr unfair war?«

»Gewiss. Aber das Leben ist nun mal kein Picknick. Wie dem auch sei, ich beschloss, so weiterzumachen, das heißt, Gloria aufzuwecken, bevor ich selbst in Versuchung käme, zu schnarchen. Und in der folgenden Nacht stelle ich mich tief schlafend, lag jedoch wach und zählte Schafe. Ich nahm mir vor, Gloria in etwa einer Stunde mit dem dringenden Rat zu wecken, schleunigst einen guten Psychiater aufzusuchen.«

»Gerschon, du bist ein Schuft«, sagte ich.

»Man tut, was man kann. Und außerdem, es kam

nicht dazu. Nach kaum zwanzig Minuten begann Gloria wie wild auf meiner Brust herumzutrommeln. ›Es ist eine Qual, Gersch‹, jammerte sie. ›Eine echte Folter. Es wird von Nacht zu Nacht schlimmer!‹«

»Willst du damit sagen, dass Gloria dasselbe Spiel trieb?«

»Und wie! Es stellte sich wahrhaftig heraus, dass ich niemals auch nur geseufzt, geschweige denn geschnarcht hatte. Gloria gestand mir unter Tränen, das ganze Theater mit meiner Schnarcherei sei bloß ein Trick gewesen, weil sie so schrecklich gerne getrennte Schlafzimmer hätte. Sie hatte aber nicht gewagt, mir das zu sagen, um meine Gefühle nicht zu verletzen. Als ich ihr erklärte, dass ich seit langer Zeit den gleichen Gedanken hatte, brachen wir beide in befreiendes Gelächter aus und fielen einander in die Arme. Danach schliefen wir ein, eng aneinandergeschmiegt wie zwei Täubchen, die sich wiedergefunden hatten.«

»Gratuliere!«

»Moment! Ich bin noch nicht fertig. Genau in dieser Nacht, als Glorias Lockenwicklerkopf sanft auf meiner Schulter ruhte und ein süßes Lächeln ihr schlafendes Gesicht verklärte, in jener Nacht, in der ich so glücklich war wie seit langer, langer Zeit nicht mehr – da begann Gloria zu schnarchen.«

»Nein!«

»Doch. Bloß, das war nicht nur ein Schnarchen, das war ein Grollen wie aus einem Vulkan. Nun stell dir die Lage vor, in der ich mich befand. Mein geliebtes Weib ruht laut schnarchend in meinen Armen, und das letzte auf der Welt, was ich tun kann, ist, sie aufzuwecken, um es ihr zu sagen. Sie hätte mir doch niemals geglaubt. Das Ganze hätte ausgesehen, als wollte ich einen schlechten Witz wiederholen.«

»Ein echtes Dilemma«, musste ich zugeben.

»Du sagst es. Im Morgengrauen, als ich drauf und dran war, die getrennten Schlafzimmer doch wieder in Erwägung zu ziehen, kam mir eine Glanzidee.«

»Du hast zurückgeschnarcht!«

»Richtig. Laut und vernehmlich. Mit aller gebotenen Deutlichkeit. Schließlich war das die einzige legitime Art, sie aufzuwecken. Ich habe abwechselnd gepfiffen und geschnarcht, gepfiffen und geschnarcht ...«

»Sehr gut!«

»Nicht sehr gut. Sehr schlecht. Denn Gloria befand sich in der gleichen Situation wie ich. Ihr war klar, dass ich ihr niemals glauben würde, wenn sie mich jetzt wachrüttelte, um mir zu sagen, dass ich schnarche. Also stellte sie sich taub und gab vor zu schlafen. Und das ist die derzeitige Lage.«

»Eine verfahrene Situation.«

»Genau. Und das Ärgste ist, ich weiß gar nicht, ob Gloria das Schnarchen nur simuliert, um doch noch ein eigenes Schlafzimmer zu bekommen, oder ob sie tatsächlich ganz ehrlich schnarcht. Es macht mich verrückt, sag ich dir.«

Ich betrachtete die Eheringe unter Gerschons Augen.

»Hör zu«, sagte ich. »Ich habe eine Idee. Wenn Gloria heute Nacht wieder zu schnarchen beginnt, dann weck sie auf. Erkläre ihr, du müsstest leider auf getrennte Schlafzimmer dringen, denn diese Totenstille würde dich wahnsinnig machen.«

»Aber sie weiß doch, dass sie schnarcht.«

»Wieso weißt du, dass sie das weiß?«

»Ach, ich weiß gar nichts mehr.«

Gerschon stand auf, um zu gehen.

»Sag mal«, fragte er mich bei der Tür, »schnarchst du eigentlich auch?«

»Ich weiß es nicht. Meine Frau will keine getrennten Schlafzimmer.«

Seither habe ich Gerschon nicht wiedergesehen. Und was meinen Schlaf angeht, ist er auch nicht mehr das, was er vor sechzig Jahren einmal war.

Karriere

Aaron Weinreb war das schwarze Schaf in der Familie. Seinem Vater, einem angesehenen Inhaber einer blühenden Wechselstube, kamen die ersten Bedenken in Bezug auf seinen Sohn, als dieser nicht wie alle anderen kleinen Buben mit Murmeln spielte, sondern sich im zarten Alter von fünf Jahren in die Küche begab und den Mixer auseinandernahm, um zu sehen, woraus er gemixt war. Auch die liebende Mutter zeigte Besorgnis:

»Das Kind ist zu intelligent«, drängte sie, »unternimm irgendetwas.«

Papa Weinreb besorgte seinem Kind in Windeseile

eine Raketenpistole mit Supermankleidung und nahm ihn zu Fußballspielen mit, jedoch ohne Erfolg. Aaron war ein unverbesserlicher kleiner Intellektueller. In der Schule fühlte er sich wohl wie ein Fisch im Wasser, war ständig der Klassenerste und verbrachte die Tage damit, seine Nase in dicke Bücher zu stecken. Die Zukunft schien düster, wahrhaftig. Eines Tages setzte sich Papa Weinreb hin, um mit seinem Sohn ein Gespräch zu führen:

»Mein Junge«, begann er, »es ist eines Vaters Pflicht, seinen Sohn zu warnen. Wenn du dich nicht bald änderst, wird es ein schlimmes Ende mit dir nehmen. Du gehörst einer guten und angesehenen Familie an, deren Mitglieder durchwegs respektable Positionen erreicht haben. Dein Onkel Moses ist ein prominenter Grundstücksmakler, Onkel Avigdor ein überdurchschnittlicher Steuerberater, und was mich betrifft, so bin ich, wie du wohl weißt, ein allseits geschätzter Wucherer. Auch deine Brüder zeigen vielversprechende Anlagen: Amitai wird demnächst Teilhaber des Nachtlokals, in dem er derzeit als Barmixer arbeitet, und Micky hat als diplomierter Tierstimmenimitator einen großen politischen Aufstieg vor sich. Nur du, mein Junge, verschwendest deine Zeit mit Büchern. Willst du, Gott behüte, Gelehrter werden? Du? Ein Sohn Weinrebs – Gelehrter?«

Aaron senkte schweigend sein Haupt und überließ seine Eltern ihrer Verzweiflung.

Seine Mutter weinte nachts in ihre Kissen: »Er wird noch als Bettler enden«, schluchzte die untröstliche

Frau. »Mein armer Aaron wird sich mit einem Hungerlohn durchschlagen müssen. Er wird weniger verdienen als eine Putzfrau.«

»Das kann man nicht so genau wissen«, versuchte ihr Gatte sie zu beschwichtigen. »Vielleicht wird er einmal eine große Familie haben und mehr staatliche Kinderhilfe beziehen als jede ledige Raumpflegerin.«

Mama Weinreb startete ihren letzten Versuch:

»Also gut«, sagte sie zu ihrem missratenen Sohn. »Wenn du schon unbedingt studieren musst, dann tu mir den Gefallen und werde wenigstens Gynäkologe.«

Aaron aber war an diesem Metier gar nicht interessiert. Was er schon immer werden wollte – und zwar seit dem Tag, da er zum ersten Mal mit dem Mixer in Fühlung kam – war Physiker.

»Es ist alles deine Schuld«, warf Mama Weinreb ihrem Gatten vor. »Du hast ihm damals erklärt, wie der Motor in deinem Wagen funktioniert. Einmal hast du ihn sogar die Kerzen reinigen lassen.«

»Ich habe doch gehofft, aus ihm einen Taxifahrer mit regelmäßigem, steuerfreiem Trinkgeldeinkommen zu machen«, gestand der alte Weinreb mit gebrochener Stimme. »Wie hätte ich je ahnen sollen, dass der Lümmel studieren will?«

Die Weinrebs trösteten sich inzwischen mit den brillanten Karrieren seiner Brüder. Amitai hatte das Nachtlokal verkauft und gründete eben einen exklusiven Massagesalon, während Micky, der diplomierte Tierstimmenimitator, mit großem Erfolg die ideologische Kampagne seiner Partei leitete und im Begriff war, für das Parlament zu kandidieren.

Die alten Weinrebs hofften immer noch, dass Aaron vielleicht bei der Abschlussprüfung durchfallen würde, aber Wunder sind heutzutage eine Sache der Vergangenheit. Aaron absolvierte »summa cum laude«, sank auf den Status eines fix besoldeten Lehrbeauftragten herab und fiel seiner Familie zur Last. Auch seine Heirat änderte nichts an der Misere, denn er brachte nur zwei Kinder zustande, und die ihm zustehende staatliche Kinderbeihilfe war nicht der Rede wert. Wenn sein Onkel Avigdor, der zum Millionär avancierte Steuerexperte, ihm nicht eine kleine Wohnung gekauft hätte, würde er vermutlich immer noch bei den Eltern leben.

Und hier könnte unsere traurige Geschichte enden, wenn nicht eines Tages die Professoren des Landes in einen Hungerstreik getreten wären.

Auch unser Aaron folgte dem Streikaufruf, obwohl dies eine persönliche Konfrontation mit seinem Bruder Micky brachte, da der brillante Tierstimmenimitator inzwischen als stellvertretender Kultusminister amtierte.

Der Professorenstreik zog sich endlos hin, und eines Tages erblickte der alte Weinreb die große Chance: Er empfahl seinem arbeitslos gewordenen Sohn, eine Auslandsreise anzutreten. Der weitblickende Alte besorgte ihm sogar auf eigene Kosten ein Flugticket. Aaron stieg aus dem Flugzeug und musste die traurige Erfahrung machen, dass sein Physikerdiplom im Ausland nicht anerkannt wurde. So blieb ihm also nichts anderes übrig, als die Laufbahn eines freien Handwerkers, genauer gesagt Installateurs, anzustreben.

Heute ist er ein wohlhabender Mann, der mit seinem Schicksal äußerst zufrieden ist.

Die Moral der Geschichte: Man soll die Hoffnung nie aufgeben.

Der Eindringling und der Wohltäter

An irgendeinem dieser seltsamen Tage hatte ich eine folgenschwere Idee. Ich entschloss mich, meinen Wohnsitz aus der Vorstadt ins Zentrum Tel Avivs zu verlegen, um mir die Parkplatzsuche bei den Kinos zu ersparen.

Ich bin ein Mann des schnellen Handelns. Noch ehe meine Idee ganz ausgegoren war, veröffentlichte ich einige Inserate in mehreren Zeitungen, und schon nach wenigen Wochen hatte ich Glück. In einem Kino traf ich zufällig meinen alten Freund und Schulkollegen Bummi Bar-Goldfisch, der mir unter dem Siegel der Verschwiegenheit mitteilte, dass er die Absicht habe, seine Drei-Zimmer-Wohnung im Herzen von Tel Aviv für die Dauer eines Jahres gegen eine Monatsmiete von 5000 Shekel zu vermieten. Er hatte nämlich irrtümlicherweise ein Staatsstipendium erhalten, das ihm die Möglichkeit geben sollte, an einer finnischen Hochschule das Design von Skisprungschanzen zu studieren.

Ich erklärte mich zu unserer beiderseitigen Freude spontan bereit, seine Wohnung zu mieten. Ein Handschlag besiegelte die Abmachung und schon wollte ich fröhlich trällernd nach Hause gehen, um zu packen, als mich Bummi am Rockzipfel zurückhielt:

»Ich bitte dich um alles in der Welt, es nicht als Zeichen meines Misstrauens aufzufassen«, sagte mein Freund, »aber ich glaube, es wäre für alle Beteiligten klüger, die Formalitäten von einem Anwalt regeln zu lassen. Ich möchte nämlich nicht, dass es nachher irgendwelche Misstöne gibt. Unsere alte Freundschaft soll unbefleckt bleiben wie eh und je, verstehst du?«

Natürlich verstand ich. Wir verabredeten uns für den folgenden Tag beim Rechtsanwalt Dr. Avigdor Wichtig.

Wie gesagt gilt in unserem schönen orientalischen Land, noch aus der Zeit der Türkenherrschaft, ein altertümliches Gesetz, welches besagt, dass man aus einer unbewohnten Behausung unter keinen Umständen entfernt werden darf, sobald man darin ein Bett aufgestellt hat. Daher rührt die nahezu animalische Angst jedes heutigen Wohnungseigentümers, dass sein Mieter sich weigern könnte, die Wohnung zum vereinbarten Termin zu räumen. Das Leben im Orient ist eben voll der Tücken und Fährnisse, auch ohne Türken.

Als ich tags darauf beim Anwalt eintraf, war mir sofort klar, dass mein Freund Bar-Goldfisch von diesem schon einige juristische Hinweise erhalten haben musste. Er war schreckensbleich und zitterte am ganzen Körper. Dr. Wichtig setzte, sobald er mich erblickte, seine wichtigste Miene auf:

»Die Lage ist ernst«, begann der erfahrene Jurist. »Ihr Freund Bar-Goldfisch hat mich bereits informiert, worum es sich handelt. Die monatliche Miete von 7500 Shekel scheint mir etwas zu niedrig, doch darüber hat ausschließlich mein Klient zu befinden. Ich muss Sie nun fragen, mein Herr, welche Sicherheit haben Sie anzubieten, dass Sie in einem Jahr, wenn Herr Bar-Goldfisch als der erste israelische Skisprungschanzendesigner aus Finnland zurückkehrt, die besagte Wohnung auch tatsächlich räumen werden?«

»Aber das ist doch kein Problem unter alten Freunden«, sagte ich freundlich lächelnd, »nicht wahr, Bummi?«

Bummi wollte vermutlich »Ja« sagen, aber ein strenger Blick des Anwalts versiegelte ihm den Mund.

»Wohnungsangelegenheiten haben nichts mit Freundschaft zu tun«, stellte Dr. Wichtig nachdrücklich fest. »Zumal es unsere Gesetze nicht zulassen, Sie, mein Herr, auf die Straße zu setzen, wenn Sie, mein Herr, nicht damit einverstanden sind, auf der Straße zu sitzen. Ich muss Sie daher um Hinterlegung einer Bankgarantie in Höhe von 800 000 Shekel ersuchen, damit eine zeitgerechte Räumung der fraglichen Wohnung gesichert ist.«

»Wieso so viel?«, fragte ich. »Diese Wohnung ist doch allerhöchstens halb so viel wert.«

»Richtig«, konzedierte mir Dr. Wichtig, »eben deshalb muss ich auf 800 000 Shekel bestehen, damit es sich für Sie, mein Herr, keinesfalls lohnen kann, nach Vertragsende in der Wohnung zu bleiben. Fassen Sie es bitte nicht als Misstrauen gegen Ihre Person auf, wenn ich darauf bestehe, die Bankgarantie bei mir in Bargeld zu hinterlegen.«

»Bitte.«

»Weiters muss ich darauf bestehen, die vereinbarte Summe ein ganzes Jahr nach Ihrem fristgerechten Auszug bei mir zu behalten, als Sicherheit dafür, dass Sie keinesfalls beabsichtigen, sich eine Rückkehr in die Wohnung zu erschleichen.«

»Selbstverständlich.«

»Sobald diese Kleinigkeiten geregelt sind, werde ich veranlassen, dass die Wohnungsschlüssel Ihnen, mein Herr, zu treuen Händen ausgefolgt werden.«

Wie erwähnt, war es niemals meine Gepflogenheit, Probleme auf lange Bänke zu schieben. Ich verkaufte anderntags meine Villa und ging schnurstracks zum Anwalt. Als ich ihm den Koffer voller Geldscheine übergab, entfuhr meinem eingeschüchterten Freund Bummi ein markerschütternder Schrei, worauf er kollabierte und unterm Schreibtisch des Dr. Wichtig verschwand.

»Die Bankgarantie scheint in Ordnung«, sagte der Rechtsgelehrte, nachdem er mit Unterstützung zweier Schreibkräfte mein Geld gezählt hatte, »aber da wäre noch ein Punkt, welcher der Klärung bedarf. Was geschieht, wenn die Inflation in diesem Lande weiterhin anhält und wenn nach Ablauf der vereinbarten Zeit

Ihr Geld nicht einmal mehr den Wert einer Streichholzschachtel haben sollte?«

»Dann schwöre ich hier vor Zeugen, dass ich die Wohnung dennoch räumen werde.«

»Bei Wohnungsangelegenheiten werden Schwüre nicht anerkannt«, verkündete der Fachmann. »Daher muss ich Sie, mein Herr, höflichst ersuchen, uns Ihre Genehmigung für gewisse Vorsichtsmaßnahmen zu erteilen.«

»Sehr gern.«

»Zunächst einmal müssen Sie Herrn Bar-Goldfisch als Sohn adoptieren. Sodann werden Sie, Zug um Zug, ein neues Testament bei mir deponieren, aus dem hervorgeht, dass Sie Herrn Bar-Goldfisch Ihr gesamtes bewegliches und unbewegliches Vermögen hinterlassen, einschließlich und insbesondere der Nutzungsrechte der von Herrn Bar-Goldfisch Ihnen überlassenen Wohnung, und zwar rückwirkend zum Tag des Vertragsabschlusses.«

»Ich hab auch schon daran gedacht.«

»Sie verstehen vollkommen richtig, es handelt sich natürlich nur um eine Formsache mit juristischen Folgen.«

Nachdem diese kleinen, aber nötigen Formalitäten erledigt waren, ersuchte mich Dr. Wichtig, die Erbschaftssteuer im Voraus zu hinterlegen, worauf ich ihm den Familienschmuck übergab, den ich sicherheitshalber gleich mitgebracht hatte. Es folgte ein kurzes Zeremoniell, danach wurde mir bedeutet, dass ich am folgenden Tag die Wohnungsschlüssel erhalten sollte.

Mein Adoptivsohn saß indessen nägelbeißend in der Ecke des Anwaltsbüros und wandte nicht eine Sekunde seinen hasserfüllten Blick von mir.

Der nächste Tag kam und ging vorbei, ohne dass ich die Wohnungsschlüssel bekommen sollte.

Dr. Wichtig erklärte in freundlichem Ton, es könnte ja auch der Fall eintreten, dass sein Klient vor mir sterbe, und dann würden die Erben von Herrn Bar-Goldfisch durch die unverantwortlichen Transaktionen ihres Erblassers einen Verlust erleiden. Daher müsste ich mir auch noch einige moralische Bürden freiwillig auferlegen, etwa das Ober-Rabbinat darum bitten, einen schweren Bann gegen mich auszurufen, für den Fall, dass ich nach einem Jahr noch immer in der bewussten Wohnung anzutreffen wäre. Widerspruchslos unterzeichnete ich das Formular den Bann betreffend, während mein Freund Bummi einen schweren Nervenzusammenbruch erlitt.

Er begann um sich zu schlagen und brüllte, dass Dr. Wichtig viel zu leichtfertig mit fremdem Eigentum umgehe, dass ich nicht orthodox wäre, jederzeit auf den rabbinischen Bann pfeifen würde, und überhaupt fühle er es in seinem tiefsten Innern, dass ich nie im Leben seine Wohnung aufgeben würde, schon gar nicht nach einem Jahr. Dann fiel er zu Boden. Aus seinem Mund quoll gelblicher Schaum.

Dr. Wichtig versank in tiefes Brüten. Dann teilte er mir Folgendes mit:

»Bei allem Respekt vor Ihrer Integrität, mein Herr,

kann ich mich nicht dazu bringen, die gerechten Befürchtungen meines Mandanten zu übergehen. Ich sehe mich daher leider gezwungen, zusätzlich eine Garantie von einer ausländischen Großmacht zu verlangen, die sich verpflichtet, sogleich den Krieg zu erklären, wenn Sie, mein Herr, im Folgenden ›Der Eindringling‹ genannt, nach Ablauf eines Jahres nicht dazu bereit sein sollten, die Wohnung zu verlassen. Sobald Sie diese unwiderrufliche Garantie vorlegen, wird man Ihnen die Schlüssel unverzüglich aushändigen.«

Die Interventionsmacht, auf die wir uns einigten, war Frankreich. Durch Vermittlung eines aus Algier stammenden Teppichhändlers erhielt ich am folgenden Tag die beglaubigte Unterschrift des französischen Botschafters.

Nun bedurfte es nur noch einer Kleinigkeit. Ich hatte mich nämlich verpflichtet, im Zentrum von Tel Aviv eine standesgemäße Drei-Zimmer-Wohnung zu kaufen und sie als Sicherheit für die von Herrn Bar-Goldfisch gemietete Wohnung dem Rechtsanwalt Dr. Wichtig für die Dauer eines Jahres zur Verfügung zu stellen.

Ferner musste ich ein Formular unterzeichnen, wonach eine Kammerjägerfirma beauftragt wurde, die von mir gemietete Wohnung genau ein Jahr nach Vertragsabschluss mit Zyan-Gas auszuräuchern, um meinen zeitgerechten Auszug zu gewährleisten.

Dann kam es endlich zum Vertragsabschluss zwischen mir einerseits und Herrn Bar-Goldfisch andererseits. Das 128 Seiten starke Aktenwerk legte fest, dass besagte Wohnung dem »Eindringling« lediglich für die Dauer eines einzigen Jahres (bestehend aus maximal 365 Tagen) überlassen werde. Die Transaktion sei als Wohltätigkeit seitens Herrn Bar-Goldfischs zu werten, im Folgenden »Der Wohltäter« genannt, wofür der »Eindringling« je Monatsersten 10 000 Shekel bei sonstiger Exekution zu begleichen hätte.

Ich hatte zwei Tage lang Zeit, den Vertrag zu studieren, und als ich auf Seite 72 angelangt war, kam der große Moment, da wir beide zu gleichen Teilen und zu treuen Händen die Urkunde unterzeichnen durften.

Bar-Goldfisch stand kurz von seiner Bahre auf und übergab mir leise fluchend mit zitternden Händen die Wohnungsschlüssel.

Dann sank er wortlos zu Boden.

Meine erste Vermutung war, dass er vor Angst, seine Wohnung nie wieder betreten zu dürfen, gestorben wäre. Doch der schnell herbeigeholte Notarzt stellte nur einen Schlaganfall mit zerebralen Lähmungserscheinungen fest.

Und so kam ich zu einer Wohnung im Zentrum von Tel Aviv.

Bedauerlich ist nur, dass ich nicht berechtigt bin, in diese Wohnung einzuziehen. Der Artikel 397 unseres Vertrages besagt nämlich in aller Klarheit: »Der Eindringling verpflichtet sich hiermit unwiderruflich, während der Mietdauer unter keinen Umständen in besagte Wohnung einzuziehen.«

Dr. Wichtig erklärte mir auf Befragen, dass dieser

Paragraph nur eine reine Formalität wäre, die mir überdies das kostspielige Ein- und Ausziehen ersparen würde. Vielleicht hat er recht. Mich stört nur, dass ich nach wie vor bei jedem Kinobesuch stundenlang einen Platz für meinen Wagen suchen muss. Anscheinend hatten die alten Türken keine Parkplatzprobleme.

Subventionspoker

»Hallo.«

»Hallo. Ich hätte gern Herrn Horowitz gesprochen.«

»Am Apparat.«

»Ist das Herr Horowitz, der Direktor des Finanzministeriums?«

»Ja.«

»Hier ist Installateur Stucks. Ich brauche dringend Ihre Hilfe, Herr Horowitz. Ich bin in Schwierigkeiten.«

»Wie bitte?«

»Die Wirtschaftskrise bringt mich um, Herr Horowitz. Ich war immer ein ehrlicher Mann, fragen Sie die Leute, für die ich arbeite. Stucks ist ein Symbol der Zuverlässigkeit. Stucks ist ein Felsen. Aber seit diese Rezession begonnen hat, bin ich so nervös wegen der allgemeinen Lage, dass ich den Einsatz erhöht habe.«

»Welchen Einsatz?«

»Den von Josef Wechsler. Wir spielen beinahe jeden Abend Poker, müssen Sie wissen. Gestern waren 400

Pfund in der Bank, ich hatte drei Könige und dachte mir: ›Im Land herrschen Arbeitslosigkeit und Inflation, also warum soll ich nicht den vierten König kaufen?‹ Im selben Augenblick sagte Wechsler: ›Deine 400 Pfund und noch 600!‹ Was blieb mir übrig, als die Anzahlung von Steiner & Co. zu nehmen, 2000 Pfund für die Leitungsrohre – schließlich habe ich drei Könige in der Hand.«

»Warum erzählen Sie mir das alles, Herr Stucks?«

»Es ist eine Sache des öffentlichen Interesses, Herr Horowitz, Sie werden gleich sehen. Ich setze also die zweitausend Pfund, kaufe zwei Karten, der vierte König kommt nicht und Wechsler hat drei Ass. Das ganze Geld ist futsch. Ich sage Ihnen, Herr Horowitz, die Regierung schafft eine Atmosphäre von solcher Unsicherheit, dass man nicht mehr klar denken kann.«

»Zweitausend Pfund sind kein horrender Betrag.«

»Ja, wenn es nur die zweitausend Pfund wären. Aber ich ziehe auch in anderen Partien die Zahlungen meiner Geschäftspartner heran. Bis jetzt sind es im ganzen 12 000 Pfund.«

»Und was sagen die Geschäftspartner dazu?«

»Sie wissen noch nichts davon. Deshalb rufe ich Sie ja an, Herr Horowitz. Es ist noch nicht zu spät.«

»Was stellen Sie sich vor?«

»Zuerst müssen wir warten, bis Ruhe eintritt. Wenn Sie als Direktor des Finanzministeriums keinen Skandal haben wollen, dann wird es keinen Skandal geben. Alles hängt von einer ruhigen Entwicklung ab. Man kennt mich weit und breit als einen ehrlichen Menschen, Herr Horowitz. Sollte es sich herumsprechen, dass ich Geld veruntreut habe, werden alle Leute sagen: Um Himmels willen, wenn sogar Stucks so etwas tut, dann sind wir am Ende. Die öffentliche Moral steht auf dem Spiel, Herr Horowitz. Sie müssen sich Ihrer Verantwortung gewachsen zeigen.«

»Bin ich für Ihr Hasardieren verantwortlich?«

»Ich hatte drei Könige …«

»Tut mir leid, lieber Freund. Sie müssen sich selbst aus diesem Schlamassel heraushelfen.«

»Daran habe ich schon gedacht, Herr Horowitz. Es geht nicht. Mein Laden ist mit nur 10 000 Pfund gegen Feuer versichert. Das ist zu wenig. Aber wenn Sie meinen Geschäftspartnern sagen, dass das Finanzministerium persönlich für alles haftet, wäre das Problem gelöst. Andernfalls käme es zu einem fürchterlichen Skandal mit gerichtlichen Klagen und Zeitungsartikeln und öffentlichem Gestank. Haben Sie Steiner & Co. schon einmal wütend gesehen? Sein Gesicht wird knallrot, die Adern auf seinen Schläfen treten hervor, es ist ein furchtbarer Anblick.«

»Das hätten Sie vorher bedenken sollen.«

»Ich habe Sie nicht um Ratschläge gebeten, Horowitz, sondern um Staatssubvention. Wenn Sie darauf bestehen, lasse ich meinen Laden auf Sie oder Ihre Frau überschreiben. Aber geben Sie mir 15 000 Pfund als Überbrückungshilfe. Sie können es von der Einkommensteuer abziehen.«

»Vorhin sprachen Sie doch von 12 000?«

»Am Sonntag spielen wir wieder. Aber ich verspreche Ihnen, den Einsatz nicht zu erhöhen. Oder nur, wenn ich vier Könige habe.«

»Das ist keine Lösung.«

»Also gut, Horowitz, vier Asse.«

Keine Angst, Stucks' Appell an die Menschlichkeit wird nicht erhört werden. Ein Stucks hat eben nur eine Wahlstimme, bestenfalls zwei, Frau Stucks mitgezählt. Theoretisch behält er aber recht. Das Finanzamt verfügt über ausreichend Mittel, die Bedürftigen zu bestechen. Sogar in einer völlig geleerten Staatskasse ist noch Zaster genug. Das heißt, das Geld ist theoretisch vorhanden und man braucht nur die Einkommensteuer ein klein wenig hochzukurbeln. Und warum sollte man sie nicht hochkurbeln, wenn es bis zu den nächsten Wahlen noch ein Weilchen dauert …

Ja, liebe Freunde, hier zeigt sich die Stärke eines modernen Staatsapparats. Es fällt dem Staat nicht im Traume ein, sich denselben Regeln zu unterwerfen, die er seinen Bürgern auferlegt. Der sterbliche Steuerzahler muss seine Ausgaben den Einnahmen anpassen, bei der unsterblichen Regierung läuft es genau umgekehrt: Sie passt ihre Einnahmen den Ausgaben an. Wie? Erstaunlicherweise mit erhöhter Einkommensteuer. Und alles völlig legal. Taschendiebe kann man fassen, Regierungen nicht.

Wie erwähnt, werden Steuererhöhungen im Rahmen konventioneller Notstandssitzungen der Regierung beschlossen. Und das sieht dann ungefähr so aus:

»Die Stoßtrupps der Steuer- und Zollbehörden führten wie jeden Mittwoch Überraschungsrazzien auf dem Privatsektor durch«, eröffnet der Verantwortliche für die Staatseinnahmen die Sitzung. »Von den 1388 überprüften Firmen und Einzelpersonen waren 1005 nicht mal registriert, 380 sind eindeutige Steuerhinterzieher, drei entrichteten streng nach Vorschrift alle ihre Steuern. Bei den 1385 kriminellen Subjekten wurden unverzüglich Hausdurchsuchungen veranlasst, und die drei Spinner wurden zur psychiatrischen Behandlung eingeliefert.«

»Sie brauchen es nicht weiter auszuführen«, unterbrach der Finanzminister seine rechte Hand. »Immerhin haben sich drei Steuerzahler an das Gesetz gehalten, klare 200 % mehr als im Vorjahr. Was schlagen Sie also vor?«

»Ich denke, dass wir die Steuersätze für die drei Spinner drastisch anheben sollten.«

»O. k.«, entschied der Finanzminister, »also wie üblich.«

Was können die drei Unglücksraben dagegen schon ausrichten? Gar nichts. Außer sich einen der überbeschäftigten Steuerberater einzufangen, der gnädigerweise ein paar seiner kostspieligen Minuten für sie erübrigt.

Hat sich der geneigte Leser eigentlich jemals Gedanken darüber gemacht, wie viel Nerven, Zeit und Aufwand es tagtäglich kostet, die verworrenen Steuergesetze zu umgehen? Seitdem die Menschheit entdeckt hat, dass es weitaus lohnender ist, Zeit und Energie in die Suche nach Schleichwegen im Steuerlabyrinth zu investieren, als die Kräfte mit produktiven Projekten zu verplempern – seither beträgt die weltweit vergeudete Arbeitszeit mehrere Milliarden Stunden pro Tag.

Tagungen müssen sein

Zweifellos ist die gesündeste und preiswerteste Art Erholungsurlaub jene, die als Geschenk des Himmels kommt. Der Herr sieht von oben, dass seine Geschöpfe müde, bleich und lebensüberdrüssig sind, und der Herr in seiner grenzenlosen Huld und Güte erhebt seine Stimme und spricht zu den Orthopäden der Welt wie folgt: »Machet euch auf und versammelt euch an der französischen Riviera, und verweilet dort sechs Tage, und tuet nichts.« Und die Heilkundigen für die Schäden unseres Bewegungsapparats strömen an die französische Riviera und sonnen sich am Meeresstrand und wiegen sich auf den Wogen und geben viel Geld aus, welches sie in vielen fremden Währungen mit sich bringen.

Früher einmal verbuchte man dieses Phänomen unter dem Kennwort »Völkerwanderung«. Heute spricht man von internationalen oder auch Weltkongressen. Einmal im Jahr – zumeist im Frühjahr, wenn die Vorbereitungszeit für die Sommerferien anbricht – verspüren sämtliche Uro-, Grapho-, Meteoro- und Dermatologen der Welt den unwiderstehlichen Zwang, irgendwo für eine Woche zusammenzukommen und, wie es im Hippie-Jargon heißt, ein Fass aufzumachen. Die Kosten werden entweder von einer einschlägigen Körperschaft oder einer Regierungsstelle getragen, also in jedem Fall von dir, lieber Leser und Steuerzahler.

Die Zahl der Teilnehmer an solchen Veranstaltungen ist immer sehr groß. Gewiss, die Delegierten zum Internationalen Parasitologentreffen in Belfast können auf Parasiten und ihre Verwandten beschränkt werden, aber unter einem Titel wie »XVIII. Weltkongress für Sanitärfreiheit« ist die Teilnahme praktisch unbegrenzt und erfordert keine sachliche Schulung, steht also auch Politikern offen.

Ursprung der meisten internationalen Treffen ist ein Loch im Budget der Stadtverwaltung. In diesem Loch setzen sich die Stadtväter zusammen und beraten ausführlich, wie der zu veranstaltende Kongress heißen soll. Fünfte Welthomöopathentagung? Symposion der Veterinäre in Frührente? Nachdem sie einen attraktiven Namen gefunden haben, verschicken sie die Einladungen, reservieren in einem Hotel der Luxusklasse – auf deine Kosten, lieber Leser – ganze Stockwerke für die Delegierten und bereiten kleine Kennkarten vor, die am Revers zu tragen sind und aus denen hervorgeht, dass man Dr. med. Federico Garcia Goldberg (Honduras) vor sich hat.

Der erste Punkt auf jeder Tagesordnung ist ein Galadiner, bestehend aus mehreren Gängen abgedroschener Phrasen, die in der Begrüßungsansprache eines halbwegs fachkundigen Gesundheitsministers gipfeln.

Währenddessen unterhalten sich die Routiniers an der Tafel über den Dollarkurs auf dem schwarzen Markt, über die lokalen Einkaufsmöglichkeiten und über das städtische Nachtleben. Der Minister wird gut daran tun, seine Rede vor Beginn der Speisenfolge zu halten, nicht etwa nachher, sonst hat er keine Zuhörer.

Selbstverständlich muss an einem internationalen Ärztekongress auch einheimische Prominenz teilnehmen. Das wird vom Organisationskomitee auf ungefähr folgende Art geregelt.

»Zugesagt haben bisher der Präsident und die First Lady«, gibt der Sekretär bekannt. »Außerdem kommen der Innenminister und der Parlamentsvorsitzende mit Gattin. Das ist alles, und es ist nicht genug. Wir sollten, damit die Sache nach etwas aussieht, noch den Chef des Generalstabes einladen. Auch die Führer der Oppositionspartei und die beiden Oberrabbiner. Und natürlich die Jewish Agency, die zionistischen Frauenvereine und sämtliche Wohltätigkeitsorganisationen. Die Reporter können auf den Fensterbänken sitzen, ferner den Pediküre-Weltverband, die übrigen Sportverbände, die Krankenkassen, die Helena-Rubinstein-Filialen und Dr. Zweigental, der mein Cousin ist.«

»Ihr Cousin ist gestrichen«, sagt der Vorsitzende. »Wir veranstalten einen Kongress und kein Picknick.«

Eingeladen wird schließlich das ganze Land mit Ausnahme Dr. Zweigentals.

Das eigentliche Gefahrenmoment internationaler Kongresse liegt im Diskussionsthema. Am dritten oder vierten Tag des organisierten Nichtstuns regt sich allenthalben das dumpfe Gefühl, dass man über die Frage, zu deren Behandlung der Kongress einberufen wurde, denn doch ein wenig sprechen müsse, worauf der norwegische Delegierte, ein hochangesehener Genforscher, einen dreistündigen Vortrag über die »Einflüsse der Pharmazeutik auf die Wirtschaftsplanung der Entwicklungsländer« hält, und zwar in seiner Muttersprache. Es ist sehr bitter.

Dennoch sind Ärztekongresse im Großen und Ganzen eine gute Sache. Sie sind gut für die Gäste wie für die Veranstalter, sie sind gut für die Hotels und Restaurants der gastgebenden Stadt, für die Devisenhändler und die Massagesalons. Aber auch für die Patienten. Gesunde Ärzte finden weniger Krankheiten.

Opfer der Inflation

»Also, Sie wollen mit Ihrem Unternehmen Konkurs anmelden, ist das richtig?«

»Ja, Herr Konkursverwalter, wir haben keine andere Wahl.«

»Was für ein Unternehmen war das, sagten Sie?«

»Falschgeld.«

»Israelisches Geld, nehme ich an.«

»Ja. Wir waren spezialisiert auf die schöne Hundertshekelnote mit dem Kopf unseres Staatsgründers Theodor Herzl darauf.«

»Warum haben Sie nicht klein angefangen?«

»Haben wir ja. Zuerst stellten wir kleinere Noten her. Aber es hat sich nicht mehr gelohnt.«

»Inflation, was?«

»Natürlich. Es trifft eben immer zuerst den kleinen Fälscher von der Straße. Wissen Sie, wir haben grundsolide angefangen – sozusagen in Heimarbeit. Ein kleiner Keller, eine einfache Druckerpresse, nichts Großes, nichts Luxuriöses. Meine Frau half hin und wieder aus beim Farbenmischen und anderem. Damals, was glauben Sie, da habe ich noch leicht meine tausend Shekel am Tag gemacht.«

»Nicht übel.«

»Danke. Leider hat man mir letztes Jahr eingeredet, ich müsste unbedingt den Betrieb umstellen auf Fotodruck mit einer riesigen Offsetmaschine, um meine Produktion erhöhen zu können. Ich bestellte also eine moderne Druckereianlage aus den USA, die mich glatte 150 000 Dollar gekostet hat.«

»Und dann kam die Geldentwertung, stimmt's?«

»Genau! Meine Frau und ich, wir haben Tag und Nacht geschuftet, wir haben Überstunden gemacht, um den Wertausgleich für den sinkenden Shekel zu schaffen. Bis es nicht mehr anders ging und ich gezwungen war, mir Leute vom Arbeitsamt zu holen und denen auch noch blödsinnige Löhne zu zahlen.«

»Was bekommt denn so einer heutzutage?«

»Ein erstklassiger Fälscher bringt seine 6000 Shekel jeden Monat nach Hause, drunter ist heute nichts mehr zu machen. Noch dazu weigern sich die meisten, in betriebseigener Ware bezahlt zu werden. Und dann dürfen Sie nicht vergessen, dass man unterdessen wieder einmal die Beiträge für die Sozialversicherung erhöht hat, für die Altersversorgung, die Krankenversicherung und alle anderen Sozialbeiträge. Da kommt unsereins nicht mehr mit.«

»Haben Sie es einmal mit Akkordlohn probiert? Lohn entsprechend der Leistung?«

»Selbstverständlich. Ich habe meinen Leuten 700 von jeden 2000 Shekel angeboten, die sie herstellen. Was haben sie getan? Sie haben es glatt abgelehnt. Nicht nur das, im letzten Jahr haben sie durch den Betriebsrat dreimal Sanktionen gegen mich eingeleitet.«

»Was soll das heißen?«

»Das soll heißen, dass sie die Geldscheine nur auf der einen Seite bedruckt haben. Ich musste einen Bankkredit aufnehmen, um die Forderungen erfüllen zu können. Auf den Kredit konnte ich dann 28 Prozent Zinsen zahlen. Stellen Sie sich meine Situation vor: ein Geldfälscher mit ständigen Liquiditätsproblemen.«

»Haben Sie sich denn nicht an die Behörden gewandt?«

»Natürlich. Ich habe zum Beispiel einen Exportkredit beantragt, aber das hat man immer wieder hinausgezögert. Es hieß, unser Shekel habe draußen im Ausland keine Marktchance. Leute vom Schatzamt gaben mir den Rat, ich sollte umsteigen auf Schweizer Franken. Das zeigt wieder einmal, was die schon von Geld verstehen. Immerhin sind die Geldscheine in der Schweiz doppelt so groß wie unsere Herzls. Darum habe ich zu denen gesagt, alles schön und gut, habe ich gesagt, aber wer zahlt für das Papier? Im Jahre 1966 kostete eine Rolle Papier 430 Shekel, und heute kommt sie auf 52 100 Shekel. Im Großhandel. Vor Kurzem hat man auch noch die Zollgebühren verdoppelt und die Luxussteuer für Farben. Nun frage ich Sie, wie finden Sie das?«

»Wie wäre es mit Subventionen? Haben Sie deswegen bei den Behörden einmal vorgefühlt?«

»Sie belieben zu scherzen. Die Gelddrucker der Regierung bekommen rund zweimal wöchentlich staatliche Unterstützungen, aber wir von den Privatunternehmen – nichts, keinen roten Heller! Ich habe zu denen gesagt: Hört mal, habe ich gesagt, das könnt ihr mit mir nicht machen, ich sorge für den Unterhalt von zwölf Familien und schaffe es kaum, genügend Geld zu fälschen, um die Strafe zu zahlen, die ihr mir aufgebrummt habt.«

»Moment. Was für eine Strafe?«

»Wegen nicht gemeldetem Warenbestand. Eines schönen Tages sind die bei mir reingeplatzt und haben einen Bericht abgeschickt, dass ich 600 Herzls gebündelt und zur Auslieferung bereit am Lager gehabt hätte. Was blieb mir übrig. Ich habe mir sofort einen Anwalt genommen, und das allein hat mich schon den halben Lagerbestand gekostet. Kaum war das erledigt, da kamen diese neuen Druckmaschinen aus Amerika an, und jeder Tag im Hafen kostete mich den Produktionsausstoß einer ganzen Stunde. Unterdessen gingen die Stromkosten rauf, dann die Steuer, schließlich die Bankzinsen. Die Inflation hat mich erledigt, Herr Konkursverwalter. Wir sind jetzt so weit, dass wir in drei Schichten arbeiten und trotzdem nicht mehr mit den Preissteigerungen Schritt halten können …«

»Schlimm, schlimm. Unser Land braucht solchen Unternehmergeist, wie Sie ihn gezeigt haben.«

»Ich weiß. Aber gestern habe ich mich hingesetzt und ein bisschen nachgerechnet. Der Preis von einem amtlichen Herzl beträgt auf dem Schwarzmarkt augenblicklich rund 9 Dollar 55, und mich kostet die Herstellung von einem gefälschten Herzl bereits 14 Dollar 70, unversteuert. Soll ich mir die Finger blutig arbeiten, nur um tiefer und tiefer in Schulden zu geraten? Nein, Herr Konkursverwalter, hiermit erkläre ich mich für bankrott. Sollen doch die Gläubiger zu mir kommen und sich selber drucken, was ich ihnen schulde. Was meinen Lagerbestand anbetrifft, nun, da sind noch 8000 Shekel in Herzls vorhanden. Sie können von mir aus herzlich gerne die Herzls beschlagnahmen und öffentlich versteigern. Was werden Sie daür kriegen? Vielleicht 1000 bis 1500 Shekel.«

»Wir werden die geeigneten Maßnahmen treffen. Und was, wenn ich fragen darf, werden Sie nun tun?«

»Ich spiele Lotto.«

Professor Honig macht Karriere

Dr. Immanuel Walter Honig wurde vor ungefähr sechzig Jahren in Frankfurt am Main geboren. Er absolvierte die Mittelschule in Prag, studierte Mathematik an der Universität Antwerpen und stürzte sich dann, obwohl ihn seine Eltern gerne als Immobilienhändler gesehen hätten, mit wilder Energie auf die Naturwissenschaften. Einen Doktortitel erwarb er an der Sorbonne, einen weiteren an der Universität Basel. Um diese Zeit war Immanuel Walter Honig fünfunddreißig Jahre alt, eine hartnäckige Lungenkrankheit hatte sein Studium verzögert.

Nach seiner endgültigen Genesung studierte Dr. Dr. I. W. Honig Nationalökonomie und Staatswissenschaften, ging nach Oxford und wurde dort mit vierzig Jahren Dozent in diesen beiden Fächern. Weitere fünf Jahre angestrengter wissenschaftlicher Arbeit machten ihn zum Direktor eines staatlichen Institutes in Rom. Während dieser fruchtbaren Periode verfasste Professor Honig sein dreizehnbändiges Meisterwerk »Der Einfluss der Index-Schwankungen in den ökonomischen Statistiken auf die soziale Struktur des Mittelstandes«.

Als Fünfzigjähriger konnte er endlich seinen Lebenstraum erfüllen, sich in Israel niederzulassen. In einem bescheidenen Gemeindebau in Tel Aviv fand Professor Honig mit seiner Familie eine Wohnung. Die Familie bestand aus seiner Gattin Emma, zwei Kindern, seinem Vater und seinen Schwiegereltern. Er bekam auch sofort einen Posten als Mittelschulprofessor und lebte eine Zeit lang ohne wirkliche Sorgen. Seine Kollegen respektierten ihn als bedeutenden Wissenschaftler, und in seiner Freizeit entwickelte er eine neue Theorie über die Berechnung des Lebenserwartungs-Koeffizienten im Versicherungswesen.

Im Sommer 1951 begann die Krise. Er kam mit seinem Budget nicht mehr so recht aus, und da die Lebenskosten unaufhörlich stiegen, wurde es immer schwieriger, seine umfangreiche Familie zu ernähren. Schließlich musste er sogar auf den Kauf der für seine Forschungsarbeit unentbehrlichen Bücher verzichten, und 1975 war es bereits so schlimm, dass er zu Fuß zur Schule ging und einmal in der Woche fastete. Um dem Leser die prekäre Situation Dr. Dr. Honigs vor Augen zu führen, geben wir nachstehend einen Überblick über sein Einkommen.

Monatseinkommen in Pfund

Jahr	brutto	netto nach Steuern	Bemerkungen
1951	253,70	201,45	Annahme einer Anstellung durch die Ehefrau
1953	325,49	196,87	Gehaltserhöhung nach Hungerstreik

Nach und nach verkaufte Professor Honig sämtliche Wertsachen, bis er eines Tages nichts mehr zu verkaufen hatte, außer vielleicht seine älteren Verwandten. Da entschloss sich seine Gattin Emma zu einem verzweifelten Schritt und schrieb einen Brief an ihren in New York lebenden Onkel, den sie zeitlebens verabscheut hatte. Der Brief rührte des Onkels amerikanisches Herz, und kurz darauf traf ein Paket mit zwanzig Tafeln Schokolade ein. Was blieb dem Professor übrig, als das Paket an den Schulwart zu verkaufen, der den Schülern während der Unterrichtspausen Süßigkeiten anbot?

Etwas später erfuhr Professor Honig durch Zufall, dass vom betrügerischen Pedell die Schokoladensendung, die er für insgesamt fünf Pfund erworben hatte, für 20 Pfund weiterverkauft wurde. Dr. Dr. Honig stellte den Schulwart auf dem Schulhof:

»Dies ist eine Schweinerei!«

Außerdem veranlasste Dr. Dr. Honig seine Gattin Emma, noch einen Brief an den Onkel in Amerika zu schreiben, und als das nächste Paket kurz darauf ankam, verkaufte er den Inhalt selbst an die Schüler, und zwar für 1,20 Pfund pro Tafel.

Diese Einnahmen brachten das Monatsbudget des Professors halbwegs ins Gleichgewicht und beeinflussten im Übrigen seine Einschätzung der statistischen Indexschwankungen wesentlich.

Nach einiger Zeit fragte sich Professor Honig, warum er eigentlich nur amerikanische Schokolade verkaufen sollte. Ab sofort verkaufte er auch heimische

Erzeugnisse. Er tat das still und unaufdringlich, indem er nach Schluss des Unterrichts sein Warenlager aus der Schublade zog und seine Schüler fragte:

»Schokolade, Waffeln, saure Drops, Pfefferminz, Karamellen, alles erste Qualität ...«

Die Schüler griffen gerne zu, und der Verkauf der Süßigkeiten verbesserte des Professors Einkommen weiter. Anfang 1958 gab er den wöchentlichen Fastentag auf und fuhr wieder im Bus zur Schule. 1959 konnte er sich dann und wann eine Kinokarte leisten, und 1960 hatte er sogar ein wenig zugenommen. Seine Depressionen waren verschwunden, seine wissenschaftliche Arbeit machte Fortschritte. Das Minderwertigkeitsgefühl, das ihn gequält hatte, war verschwunden. Dr. Dr. Honig hat heute eine gesellschaftliche Stellung, die nur knapp unter der eines selbstständigen Installateurs liegt.

Die nachfolgende Tabelle erklärt die erfreuliche Entwicklung in Ziffern:

Monatseinkommen

Jahr	brutto	netto nach Steuern	Bemerkungen
1959	342,50	342,50	
1960	551,00	551,00	Einführung von Eiscreme
1961	607,89	607,89	Einführung von Kaugummi

91

Vor einiger Zeit unterbrach ein bedauernswerter Zwischenfall den rasanten Aufstieg seiner Karriere. Die Schulleitung protestierte dagegen, dass Professor Honig in den Pausen mit Bauchladen durch die Korridore des Schulgebäudes strich, weil sich der ambulante Kleinhandel nicht mit den ethischen Verpflichtungen eines Lehrers vertrage.

Professor Honig tat das einzig Mögliche: Er kündigte und lebt seither nur noch vom Süßwarenhandel. Sein Kompagnon ist der Schulwart.

Auch die Waschmaschine ist nur ein Mensch

Eines Tages verlautbarte die beste Ehefrau von allen, dass wir eine neue Waschmaschine brauchten, da die alte, offenbar unter dem Einfluss des mörderischen Klimas, den Dienst aufgekündigt hatte.

»Geh hin«, so sprach ich zu meinem Eheweib, »geh hin, Liebling, und kaufe eine Waschmaschine. Aber wirklich nur eine, und aus heimischer Produktion. So heimisch wie möglich.«

Die beste Ehefrau von allen ist zugleich eine der begabtesten Einkäuferinnen, die ich kenne. Schon am nächsten Tag stand in einem Nebenraum unserer Küche, fröhlich summend, eine original hebräische Waschmaschine mit blitzblank poliertem Armaturenbrett, einer langen Kabelschnur und ausführlicher Gebrauchsanweisung. Es war Liebe aufs erste Waschen,

der Werbeslogan hatte nicht gelogen. Unser Zauber-
waschmaschinchen besorgte alles von selbst. Schäu-
men, Waschen und Trocknen. Fast wie ein Wesen mit
menschlicher Vernunft.

Und genau davon handelt die folgende Geschichte.

Am Mittag des zweiten Tages betrat die beste Ehefrau von allen mein Arbeitszimmer, ohne anzuklop-
fen, was immer ein schlechtes Zeichen ist. Und sagte:
»Ephraim, unsere Waschmaschine wandert.«

Ich folgte ihr zur Küche. Tatsächlich, der Apparat
war soeben damit beschäftigt, die Wäsche zu schleudern und mittels der Drehbewegung den Raum zu
verlassen. Wir konnten den kleinen Ausreißer noch
ganz knapp vor Überschreiten der Schwelle aufhalten,
brachten ihn durch einen Druck auf den grellroten
Alarmknopf zum Stillstand und beratschlagten.

Die Maschine wanderte nur dann, stellte sich heraus, wenn das Trommelgehäuse des Trockenschleu-
derers seine unwahrscheinlich schnelle Rotationstätig-
keit aufnahm. Dann lief zuerst ein Zittern durch den
Waschkörper, und gleich darauf begann er, wie von
einem geheimnisvollen inneren Drang getrieben,
hopphopp draufloszumarschieren.

Na schön. Warum nicht. Unser Haus ist schließlich
kein Gefängnis, und wenn's Maschinchen laufen will,
dann soll es.

In einer der nächsten Nächte weckte uns das krei-
schende Geräusch gequälten Metalls aus Richtung
Küche. Wir stürzten hinaus: Das Dreirad unseres Sohnes Amir lag zerschmettert unter der Maschine, die

sich in irrem Tempo um ihre eigene Achse drehte. Amir seinerseits heulte durchdringend und schlug mit seinen kleinen Fäusten wild auf den Dreiradmörder ein.

»Pfui, schlimmer Jonathan! Pfui!«

Jonathan, das muss ich erklärend hinzufügen, war der Name, den wir unserem Maschinchen wegen seiner menschenähnlichen Intelligenz gegeben hatten.

»Jetzt ist es genug«, erklärte die Frau des Hauses. »Ich werde Jonathan fesseln.«

Und das tat sie denn auch mit einem Strick, dessen Ende sie an die Wasserleitung band.

Ich hatte bei all dem ein schlechtes Gefühl, sagte jedoch nichts. Jonathan gehörte zum Einflussbereich meiner Frau, und ich konnte ihr das Recht, ihn anzubinden, nicht streitig machen. Indessen erfüllte es mich mit Genugtuung, als wir Jonathan am nächsten Morgen an der gegenüberliegenden Wand stehen sahen. Er hatte offenbar alle seine Kräfte angespannt, denn der Strick war gerissen.

Seine Vorgesetzte fesselte ihn zähneknirschend von Neuem, diesmal mit einem längeren und dickeren Strick, den sie um den Heißwasserspeicher band.

Das ohrenbetäubende Splittern, das bald zu hören war, werde ich nie vergessen.

»Er zieht den Speicher hinter sich her!«, flüsterte die entsetzte Küchenchefin, als wir am Tatort angelangt waren. Der penetrante Gasgeruch in der Küche bewog uns, künftiges Fesseln bleiben zu lassen. Jonathans Abneigung gegen Stricke war nicht zu verkennen, und wir ließen ihn fortan ohne jede Behinderung seinen Waschgeschäften nachgehen. Irgendwie leuchtete es uns ein, dass er, eine Art Sabre, über unbändigen Freiheitswillen verfügte. Wir waren beinahe stolz auf ihn.

Einmal allerdings, noch dazu an einem Samstagabend, an dem wir, wie immer, Freunde zu Gast hatten, drang Jonathan ins Speisezimmer und belästigte unsere Gäste.

»Hinaus mit dir!«, rief meine Frau ihm zu. »Marsch hinaus! Du weißt, wo du hingehörst!«

Das war natürlich lächerlich. So weit reichte Jonathans Intelligenz nun wieder nicht, dass er die menschliche Sprache verstanden hätte. Jedenfalls schien es mir sicherer, ihn durch einen raschen Druck auf den Alarmknopf zum Stehen zu bringen, wo er stand.

Als unsere Gäste gegangen waren, startete ich Jonathan, um ihn auf seinen Platz zurückzuführen. Aber er schien uns die schlechte Behandlung von vorhin übel zu nehmen und weigerte sich. Wir mussten ihn erst mit einigen Wäschestücken füttern, ehe er sich auf den Weg machte.

Amir hatte allmählich Freundschaft mit ihm geschlossen, bestieg ihn bei jeder Gelegenheit und ritt auf ihm, unter fröhlichen »Hühott«-Rufen, durch Haus und Garten. Wir waren zufrieden. Jonathans Waschqualitäten blieben die alten, er war wirklich ein ausgezeichneter Wäscher und gar nicht wählerisch in Bezug auf Waschpulver. Wir konnten uns nicht beklagen.

Immerhin erschrak ich heftig, als ich eines Abends, bei meiner Heimkehr, Jonathan mit gewaltigen Drehsprüngen auf mich zukommen sah. Ein paar Minuten später, und er hätte die Straße erreicht.

»Vielleicht«, sagte träumerisch die beste Ehefrau von allen, nachdem ich ihn gebändigt hatte, »vielleicht könnten wir ihn bald einmal auf den Markt schicken. Wenn man ihm einen Einkaufszettel mitgibt ...«

Sie meinte das nicht im Ernst. Aber es bewies, wie viel wir schon von Jonathan hielten. Wir hatten fast vergessen, dass er doch eigentlich als Waschmaschine gedacht war. Und dass er vieles tat, was über seine Waschmaschinenpflicht hinausging. Ich befragte einen Spezialisten. Er war gar nicht erstaunt.

»Ja, das kennen wir«, sagte er. »Wenn sie schleudern, kommen sie gern ins Laufen, weil sie zu wenig Wäsche in der Trommel haben. Dadurch entsteht eine zentrifugale Gleichgewichtsstörung, von der die Maschine vorwärtsgetrieben wird. Geben Sie Jonathan mindestens vier Kilo Wäsche, und er wird brav an seinem Platz bleiben.«

Meine Frau erwartete mich im Garten. Als ich ihr auseinandersetzte, dass es der Mangel an Schmutzwäsche war, der Jonathan zu seinem zentrifugalen Amoklauf trieb, wurde sie blass.

»Großer Gott! Gerade habe ich ihm zwei Kilo gegeben. Um die Hälfte zu wenig!«

Wir sausten zur Küche und blieben – was doch eigentlich Jonathans Sache gewesen wäre – wie angewurzelt stehen: Jonathan war verschwunden. Samt Kabel.

Noch während wir zur Straße hinausstürzten, riefen wir, so laut wir konnten, seinen Namen: »Jonathan! Jonathan!«

Keine Spur von Jonathan.

Ich rannte von Haus zu Haus und fragte unsere Nachbarn, ob sie nicht vielleicht eine hebräisch sprechende Waschmaschine gesehen hätten, die sich stadteinwärts bewegte. Alle antworteten mit einem bedauernden Kopfschütteln. Einer glaubte sich zu erinnern, dass so etwas Ähnliches vor dem Postamt gestanden hätte, aber die Nachforschungen ergaben, dass es sich um einen Kühlschrank handelte, der falsch adressiert war.

Nach langer, vergeblicher Suche kehrte ich niedergeschlagen um. Wer weiß, vielleicht hatte in der Zwischenzeit ein Omnibus den armen Kleinen überfahren.

Tränen stiegen mir in die Augen. Unser Jonathan, das freiheitsliebende Geschöpf des Industrie-Dschungels, hilflos preisgegeben den Gefahren der Großstadt und ihres wilden Verkehrs … wenn die Drehtrommel in seinem Gehäuse plötzlich aussetzt, kann er sich nicht mehr fortbewegen … muss mitten auf der Straße stehen bleiben …

»Er ist hier!« Mit diesem Jubelruf begrüßte mich die beste Ehefrau von allen. »Er ist zurückgekommen!« Der Vorgang ließ sich rekonstruieren: In einem unbewachten Augenblick war der kleine Dummkopf in den Flur hinausgehoppelt und auf die Kellertür zu, wo er glatt hinuntergefallen wäre. Aber da er im letzten Augenblick den Steckkontakt losriss, blieb ihm das erspart.

»Wir dürfen ihn nie mehr vernachlässigen!«, entschied meine Frau. »Zieh sofort deine Unterwäsche aus! Alles!«

Seit diesem Tag wird Jonathan so lange vollgestopft, bis er mindestens viereinhalb Kilo in sich hat. Und damit kann er natürlich keine Ausflüge mehr machen. Er kann kaum noch atmen. Es kostet ihn merklich Mühe, seine zum Platzen gefüllte Trommel in Bewegung zu setzen. Armer Kerl. Es ist eine Schande, was man ihm antut.

Gestern hat's mir gereicht. Als ich allein im Haus war, schlich ich zu Jonathan und erleichterte ihn um gute zwei Kilo. Sofort begann er unternehmungslustig zu zucken, und nach einer kleinen Weile begab er sich, noch ein wenig ungelenk hüpfend, zu der hübschen italienischen Waschmaschine im gegenüberliegenden Haus, mit männlichem, tatendurstigem Brummen und Rumpeln, wie in der guten alten Zeit.

»Geh, Jonathan.« Ich streichelte seine Hüfte. »Geh.«

Er ist eben zur Freiheit geboren.

Die Brille, das unbekannte Wesen

Sie geht unweigerlich verloren, kaum dass ich sie abnehme. Manchmal schon vorher. Sie scheint irgendwie zu verdampfen, Gläser, Fassung und Gestell. Es ist rätselhaft.

Meistens geschieht es, wenn ich rasch etwas notieren will.

Da ich kurzsichtig bin – ich wurde schon kurzsichtig geboren –, schiebe ich die Brille über meine eindrucksvoll hohe Stirn hinauf, und schon ist sie verschwunden. Die Brille, nicht die Stirn. Auch wenn ich sie vor dem Schlafengehen auf meinen Nachttisch lege oder ihr einen sicheren Platz auf dem Rand der Badewanne zuweise, bevor ich ins Wasser steige, ist sie nachher nicht mehr vorhanden. Sie hat sich irgendwo im Haus versteckt. Vielleicht auch außerhalb des Hauses, ich weiß es nicht, wenn ich es wüsste, müsste ich sie ja nicht suchen. Ich habe den Eindruck, dass sie mich hasst.

Die eigentliche Qual, der geradezu unlösbare Konflikt besteht darin, dass jemand, der seine Brille verloren hat, sie nur mithilfe seiner Brille finden kann. Ohne Brille ist man halb blind und tastet hilflos durch die Gegend, einer kurzsichtigen Schlange vergleichbar, die sich in den eigenen Schwanz beißt und ihn auffrisst, bis nichts mehr von ihm übrig bleibt. Oder von ihr.

Die Optiker, die ich zu Rate zog, bestätigten mir, dass Brillen zu jenen Gegenständen gehören, die leicht verloren gehen. Besonders hebräische Brillen lieben es, ihre Unabhängigkeit zu beweisen. Ganz besonders solche mit dünner Fassung. Sie haben keinen richtigen Halt. Und es wäre zwecklos, sie etwa an einem Kettchen zu befestigen und sie vor der Brust baumeln zu lassen wie ein Medaillon. Sie kennen ihren Karl Marx: Brillengläser aller Länder, vereinigt euch! Ihr habt nichts zu verlieren als eure Ketten! Schwupps – weg sind sie.

Mein Fall ist umso schlimmer, als ich nur wenig Dioptrien aufzuweisen habe, sodass mir auch bei bloßen Augen eine gewisse Sehkraft verbleibt. Es kann geschehen, dass ich mit meinem Wagen eine Viertelstunde lang durch eine merkwürdig verwischte Gegend fahre, ehe ich merke, dass ich keine Brille trage. Oder ich suche sie verzweifelt in den Polsterspalten eines Fauteuils und entdecke sie schließlich auf meiner Nase. Leuten mit dicken Brillengläsern kann so etwas nie passieren. Nur unsereins ist ständig auf der Suche nach seiner Brille und wird wütend, wenn sie wieder einmal verschwunden ist. Ich pflege sie dann auf Ungarisch zu verfluchen und trommle mit den Fäusten gegen die Wand, ehe ich Vernunft an- und die Rekonstruktion des Vorgangs aufnehme.

»Wo habe ich sie zuletzt gesehen?«, frage ich mich unter heftigem Blinzeln. »Wenn ich nicht irre – worauf man sich ohne Brille allerdings nicht verlassen kann –, hatte ich sie beim Lesen der Morgenblätter noch. Dann habe ich die Blechdose mit den Erdnüssen geöffnet. Dann habe ich mich rasiert. Halt!«

Das Rasieren liefert mir einen vielversprechenden Anhaltspunkt. Ich eile ins Badezimmer, suche, stöbere, kehre alles von oben nach unten und finde nichts. Auch die Erdnüsse und die Zeitungen lassen mich im Stich. Ich muss mich bis auf Weiteres an den Nebel gewöhnen.

Plötzlich, gegen Mittag, erscheint die Brille auf dem Klavier, und zwar auf den oberen Tasten. Wie sie dorthin gekommen ist, ahne ich nicht. Ich habe das letzte Mal im Alter von sieben Jahren Klavier gespielt.

»Wollen Sie damit sagen«, unterbricht mich an dieser Stelle der unfreundliche Leser, »dass Ihre Brille mit Ihnen Verstecken spielt?«

Ja. Genau das will ich sagen. Meine Brille führt ein eigenes Leben, sogar ein sehr munteres und vergnügtes. Kaum lege ich sie für einen Augenblick beiseite, entfernt sie sich auf Zehenspitzen und geht verloren. Sie weiß, dass mich das ärgert. Deshalb tut sie's ja. Wenn ich sie dann irgendwo finde, wo sie nicht hingehört, zum Beispiel in der Vorhangschnalle am Fensterbrett oder im Kühlschrank unter den Steaks, grinst sie mich an und macht kein Hehl aus ihrer Schadenfreude. Einmal habe ich sie sogar tief innen in unserem Fernsehapparat entdeckt, wo sie die Drähte durcheinanderbrachte. Und während der letzten Hitzewelle fand sie ihren Weg bis aufs Dach hinauf. Sie kann fliegen.

Manchmal nehme ich sie in Präventivhaft. Bevor ich schlafen gehe, sperre ich sie zwischen dem Bleistifthalter und dem Familienfoto auf meinem Schreibtisch ein und memoriere noch im Bett: »Zwischen den Bleistiften und der Familie, zwischen den Bleistiften und …«

Am Morgen führt mich mein erster Weg zum Schreibtisch. Bleistifte und Familie sind da, die Brille nicht. Ein paar Stunden später setze ich mich ans Steuer meines Wagens, um in die Stadt zu fahren – und höre aus dem Fond ein leises Hallo. Es ist meine Brille.

Manchmal verschwindet sie für Tage, und ich reiße vergebens die Tapeten von der Wand. Die einzig erfolgreiche Gegenwehr besteht darin, sofort eine neue Brille zu bestellen. In der Regel taucht dann die alte fünf Minuten vor dem Anruf des Optikers auf, der mir mitteilt, dass die neue abholbereit ist. Sie wird in die Reserve versetzt als diejenige, mit der man die andere sucht. Das funktioniert so lange, bis eine von beiden spurlos verschwindet. Beide zugleich gibt es immer nur für ganz kurze Zeit. Sie hassen einander.

Die beste Ehefrau von allen behauptet, dass die Misere nicht an den Brillengläsern liegt, sondern an mir, weil ich so zerstreut bin. Sie hat keine Ahnung von Brillenpsychologie. Also muss ich den Kampf allein ausfechten.

Eines Tags kam mir der geniale Einfall, unsere gemischte Rassehündin Franzi als Brillenjagdhund abzurichten. Ich ließ sie Witterung nehmen, indem ich die Gläser ausführlich an ihrer Nase rieb, dann versteckte ich die Brille im Garten, dann tappte ich nach Franzi, geleitete sie zu meiner Brille und gab ihr ein

Stück Zucker als Finderlohn. Nach mehrmaliger Wiederholung dieses Vorgangs führte ich gestern einen Test durch.

»Franzi!«, rief ich. »Such die Brille!«

Franzi spitzte die Ohren, schnüffelte in die Luft und zog mich schnurstracks zum Zuckerbehälter. Ich konnte den Zucker verstecken, wo immer ich wollte – Franzi kam ihm unfehlbar auf die Spur. Man kann sich auf das Witterungsvermögen von Hunden verlassen. Sie brauchen keine Brillen.

Nach langem Nachdenken habe ich jetzt die endgültige Lösung gefunden. Ich nehme meine Brille nicht mehr ab. Ich wasche mich mit ihr, ich weine mit ihr, ich schlafe mit ihr. Und ich träume von ihr. Ich träume, dass ich sie verloren habe.

Am Morgen wache ich auf – und was muss ich feststellen? Ich habe sie verloren.

Enorm in Form

Ich schäme mich nicht, es zuzugeben. Ich persönlich stand dieser kessen Mode anfangs eher skeptisch, ja spöttisch gegenüber. Wir haben in dieser Region andere Sorgen, Ephraim, sagte ich mir. Als dann aber ein Star wie Jane Fonda ihr Heil darin suchte, die erwachsene Weltbevölkerung zu retten, horchte ich auf. Frau Fonda hat die Menschheit ja bekanntlich durch »Aerobic« revolutioniert, eine Gymnastik, die es schon seit Jahrhunderten gibt, aber bislang noch nie so genannt wurde. Mittlerweile trägt sie schon wieder einen neuen Namen, einen noch einprägsameren: »Fitness«.

Ich schmunzelte also wissend in mich hinein, als auch die israelischen Illustrierten das Thema begierig aufgriffen und berichteten, dass das rhythmische Gliederschwingen die Herzen der Millionen Molligen weltweit mit neuer Hoffnung erfüllt. »Fitness-Übungen werden neues Blut in Ihre Adern pumpen«, versichern wohlbeleibte Experten. »Schon nach einigen Wochen wird diese innovative Gymnastik Ihr hormonelles Gleichgewicht wiederherstellen, und Sie werden sich so prachtvoll fühlen wie nach der 3:0-Niederlage Deutschlands gegen Kroatien.«

Marktschreierisches Getue, Verschwörung der Weltkonzerne. Eine vorübergehende Plage, urteilte ich geringschätzig und meldete mich heimlich für eine Probestunde an. Es war mir ein dringendes Bedürfnis, einen authentischen Hetzartikel über diesen Schwachsinn zu schreiben. Aber das Schicksal hatte anderes mit mir vor. »Der reuige Sünder ist mehr wert als einer, der nie gesündigt hat«, oder so ähnlich heißt es schließlich. Heute zählt der Verfasser dieser Zeilen zu den fanatischsten Anhängern der Fitness-Übungen und nimmt sogar regelmäßig an einer schweißtreibenden Teamarbeit teil, die einer Spontaninitiative aus der Nachbarschaft zu verdanken ist. Unsere Gruppe besteht aus sieben mittelalterlichen Herren, und wir treffen uns dreimal in der Woche bei Felix Selig, der ein mobiles Videogerät zu Hause hat.

Was uns nämlich die Idee des Bodybuilding in unserem Land mit seinem glühend heißen Klima nahegebracht hat, waren eben jene Videokassetten, die uns den Weg zu körperlichem und hormonellem Gleichgewicht gewiesen haben. Als die neue Therapie noch in den Kinderschuhen stak, gab es nämlich nur medizinische Artikel und illustrierte Fachliteratur. Die Fitness-Gurus haben jedoch sehr schnell die Überzeugungskraft der visuellen Anleitung erkannt. Auch die Fernsehsender haben rasch geschaltet und senden Tag für Tag junge, braungebrannte Tänzerinnen, die mit strahlendem Lächeln ihre Strandübungen vorführen. Eine wirklich lobenswerte Idee. Zeigt sie doch dem altersmüden Zuschauer, dass er, wie der bronzefarbene Tänzer, zu einem durchtrainierten Körper kommen kann, wenn er nur genügend Energie und Geld in die erlösenden Kassetten investiert.

Wir, die glorreichen Sieben, versäumen also keine einzige Turnstunde, vor allem, seit zwei Kursteilnehmer aus Europa 18 brandneue Fitness-Kassetten für Fortgeschrittene mitgebracht haben.

Jedes Gruppenmitglied hat seine persönliche Lieblingskassette. Felix bevorzugt zum Beispiel immer noch die Lektionen der Gründermutter Fonda, während Ingenieur Glick sein Herz an die Trainingsmethode von Madame Marlin verloren hat, dem Star des berühmten »Lido« in Paris. Ich hingegen schwanke noch zwischen der Übungskassette der blonden Schönheit Claudia Schiffer und jener der Go-Go-Girls Gaby und Judy, die Europas Bildschirme mit ihrer

Sendung »Enorm in Form« eroberten. Wobei ich aber auch die Fonda nach wie vor schätze, ihre langen, wohlgeformten Beine beeindrucken bei den Bodenübungen wie eh und je. Von der Taille aufwärts sind ihr die jungen Konkurrentinnen jedoch haushoch überlegen. Unvergleichlich, wenn Judy ihr hautenges, rotes T-Shirt trägt und ihre Beugeübungen nach vorn demonstriert. Diese Übung heißt im Fachjargon: »Es gibt doch Neues unter der Sonne.« Gabi aber ist der Champion dieser Übungen. Mit einem rhythmischen Schwingen der Hüften hüpft sie auf der Stelle, ein bezauberndes Lächeln auf ihren vollen Lippen. Ihr »Eins-Zwei« lockt zum Mitmachen. »Bein-hoch, Arm, Seite – drei-vier, tiiiief durchatmen ...«

O ja, wir atmen tief. Rhythmisch versinkt die Gruppe in Felixens kuschlige Sessel, und wenn dann die Marlin vom »Lido« noch ihren Spagat hinlegt, wird das Atmen noch tiefer. Das ist ja das Schöne am Fitness-Training. Man trainiert zwar gemeinsam, kann aber doch seinem persönlichen Stil frönen. Wenn zum Beispiel Claudia Schiffer in ihrem zartgrünen Outfit ihre unvergleichliche Brücke vorgeführt hat, kann Ingenieur Glick ohne Weiteres ein Dakapo verlangen. Dann wird der Film zurückgespult, und wir bewundern diese sportliche Meisterleistung noch einige Male unter dem Motto des Ing. Glick: »Gesundheit geht über alles.«

Jedem Mann seine eigene Fitness. Und immerhin sieht der betagte Ingenieur seit Beginn unserer Video-Fitness um mindestens zwei Monate jünger aus. Wenn er auch, wie wir alle, stark an Gewicht zugelegt hat, vermutlich wegen der beachtlichen Mengen an Keksen und Nüssen, die wir während der Übungen futtern. Unser Hormonhaushalt jedoch ist ausgeglichen wie nie zuvor.

Fitness-Übungen halten aber auch für den ausgefuchsten Profi noch so manche Überraschung bereit. So habe ich zum Beispiel erst während der zehnten Übungsstunde in der zweiten Reihe hinter Claudia Schiffer die dritte von links entdeckt, ein absolutes Traummädchen in einem umwerfenden Body, die, wie es die Bodybuilding-Gurus versprechen, frisches Blut in wirklich alle Körperteile treibt.

Letzte Woche aber, als wir gerade im schönsten Fitness-Rausch waren bei heißen Rockrhythmen, zu denen eine uns bislang unbekannte Trainerin im roten Bikini vorturnte, ertönte plötzlich im Dunkeln die zögernde Stimme Gustis.

»Vielleicht versuchen wir's auch einmal …«

Felix stoppte den Bikini mit der Fernbedienung auf dem Höhepunkt des Brustmuskeltrainings und erstarrte.

»Wie bitte«, fragte Felix nach, »was sollen wir?«

»Ich schlage vor, dass wir mitmachen«, wiederholte Gusti jetzt schon etwas forscher.

»Wo mitmachen?«

»Bei den Übungen.«

Felix knipste das Licht an.

»Um Gottes willen«, sagte er, »was will er?«

Erst nach einer Weile durchschauten wir Gustis Absichten. Er schlug tatsächlich vor, dass wir, die glorreichen Sieben, uns aus unseren Sesseln erheben sollten, um unsere Gliedmaßen zu bewegen. Er flog natürlich sofort aus unserem Kurs.

»Perverse haben hier nichts zu suchen«, stieß Ing. Glick wütend hervor, der seit seiner plötzlichen Scheidung etwas gereizt war.

Nach Gustis Abgang gingen wir zur Tagesordnung über. Vor allem, da wir aus Dänemark ein Dutzend Kassetten erwarteten, auf denen eine neue Körperertüchtigung, das sogenannte »Nudefitness«, gezeigt wird. Ich persönlich bin kein Freund dieser neuen Mode. Meiner Meinung nach gibt es pädagogisch nichts Wertvolleres als ein königliches Becken und ein Paar formschöne Schenkel, eingehüllt in eine perfekt sitzende schwarze Strumpfhose. Deshalb bleibe ich bei der klassischen Methode. Jede Übertreibung ist ungesund, das sagen auch die Therapeuten.

Die glorreichen Sechs teilen meine Ansicht vorbehaltlos, wie eine Abstimmung zu dem heiklen Thema »Nudefitness« ergab.

»Wer gegen Ephraim ist, der hebe den Arm«, schlug Felix aus seinem Vorstandssessel vor, und niemand hob den Arm. Seit wir unsere Auswahl an Keksen und Nüssen durch Popcorn erweitert haben, fällt es uns nämlich allen etwas schwer, den Arm zu heben.

Ich habe ja so recht

»Soll ich mich hinlegen, Herr Professor?«

»Ja. Hier, auf diese Couch. Legen Sie sich hin, schließen Sie die Augen und erzählen Sie mir, was Sie bedrückt.«

»Ich verstehe die Welt nicht mehr.«

»Na ja, das sagt man so. Sie müssen sich schon ein wenig genauer ausdrücken. Vergessen Sie, dass ich Ihr Psychiater bin, und plaudern Sie drauflos. Sprechen Sie zu mir wie zu einem alten Freund. Also.«

»Also, Sie wissen ja, dass ich mich publizistisch betätige. Seit 35 Jahren verfasse ich eine satirische Kolumne für eine unserer führenden Tageszeitungen. Von Haus aus bin ich ein stiller, ruhiger Mensch. Man könnte mich sogar einen Feigling nennen. Aber manchmal schreibe ich scharfe Artikel gegen die Regierung und verschiedene öffentliche Institutionen.«

»Vollkommen in Ordnung. Wir leben ja in einer Demokratie.«

»Trotzdem. Infolge meiner ständigen Angriffe fühle ich mich gefährdet. Ich fürchte die Rache der Angegriffenen. Zum Beispiel ließ ich vor ungefähr einem Jahr einen scharfen Artikel gegen Dr. Bar-Bizzua veröffentlichen, den Generaldirektor des Ministeriums für Öffentliche Planung, Sie erinnern sich …«

»Nicht sehr genau.«

»Damals verhandelte Dr. Bar-Bizzua für die Regierung mit einer neugegründeten Firma, der Allgemeinen Petrol- und Produktions-AG. Es ging um einen

Auftrag in Höhe von 160 Millionen. Dr. Bar-Bizzua unterschrieb den Auftrag im Namen der Regierung und begab sich anschließend zum Minister für Öffentliche Planung, um ihm seinen Rücktritt bekanntzugeben. Als er das Ministerium verließ, war er bereits der neue Manager der Allgemeinen Petrol und konnte in dieser Eigenschaft den von ihm unterzeichneten Vertrag gegenzeichnen. Ich habe diesen Vorgang, der allen ethischen Gesetzen Hohn spricht, aufs Schärfste verurteilt und habe den Minister für Öffentliche Planung zum Rücktritt aufgefordert.«

»Ja, jetzt erinnere ich mich. Wenn ich nicht irre, nannten Sie ihn den ›Minister für Öffentliches Korruptionswesen‹.«

»Richtig. Und nach Erscheinen dieses Brandartikels habe ich mich tagelang nicht auf die Straße getraut. Ich musste ja damit rechnen, dass der Minister sich irgendwie zur Wehr setzen würde.«

»Kein abwegiger Gedanke.«

»Und was geschah? Zwei Tage später ging bei mir das Telefon – und es war der Minister selbst. ›Lieber Freund‹, sagte er, ›ich möchte Ihnen nicht verheimlichen, dass ich mir Ihre prächtige Satire ausgeschnitten habe und dass sie eingerahmt auf meinem Schreibtisch steht, gleich neben dem Foto meiner Frau und den beiden Buben. Ich pflichte jedem Ihrer Worte bei. Gott segne Sie.‹ Was sagen Sie dazu?«

»Ein klarer Fall von Projektionsverschiebung. Der Minister identifiziert sich gewissermaßen mit Ihnen. Eine sehr positive Einstellung, finde ich.«

»Und ich dachte, er würde beleidigt sein und einen Wutanfall bekommen.«

»Einen Wutanfall? Warum? Sie hatten recht, und er gab es zu.«

»Hm. Wenn Sie glauben. Offenbar leide ich an Verfolgungswahn, weil man mich nicht verfolgt. Wie ich später hörte, hat der Minister meine Satire kopieren lassen und sie unter seinen Beamten verteilt. Einer von ihnen informierte mich, dass er mir noch ganz andere Geschichten aus dem Ministerium erzählen könnte. Mir würden die Haare zu Berge stehen, sagte er. Und er blieb nicht der einzige.«

»Mit anderen Worten: Man bringt Ihnen von allen Seiten Verständnis und Zuneigung entgegen.«

»Ja, und das macht mich verrückt. Sogar Dr. Bar-Bizzua hat mir geschrieben, auf dem Briefpapier der Allgemeinen Petrol. Er gratulierte mir zu meinem Artikel und wünschte mir weiterhin viel Glück. Was soll das bedeuten?«

»Dass er Ihnen weiterhin viel Glück wünscht.«

»Aber das ist doch ein unmöglicher Zustand. Der Minister hätte demissionieren und die Allgemeine Petrol hätte Dr. Bar-Bizzua entlassen müssen. Stattdessen geben sich beide Seiten vollkommen unbekümmert. Es hat sich nichts geändert. Genau wie bei der Einkommenssteuer. Seit Jahren greife ich mindestens einmal im Monat unser Steuersystem an und weise nach, dass es unsere Bürger zu Betrügern macht …«

»Ich bedaure, aber ich kann Ihnen auch keine Honorarquittung geben.«

»Davon rede ich nicht. Ich habe unseren Staat jetzt schon an die zwanzigmal ›das Land der Steuerhinterzieher‹ genannt und habe eigentlich damit gerechnet, dass man mich eines Tages lynchen würde. Keine Rede davon. Neulich im Theater kam der Finanzminister auf mich zu und klopfte mir anerkennend auf die Schulter: ›Ich kann Ihnen gar nicht sagen, welchen Dienst Sie uns mit Ihren hervorragenden Artikeln erweisen! Lassen Sie nicht ab von uns! Die Gerechtigkeit muss siegen!‹ Kurzum, es gibt niemanden im ganzen Establishment, der mit mir nicht einverstanden wäre.«

»Das ist doch sehr ermutigend.«

»Zweifellos. Pressefreiheit … Meinungsfreiheit … funktionierende Demokratie … alles schön und gut. Aber die Steuern sind noch immer so hoch wie zuvor. Als ich vorige Woche in meiner Kolumne für unsere Steuerbehörde den Ausdruck ›Taschen-Mafia‹ gebrauchte, bekam ich vom Finanzminister einen Blumenstrauß und ein Kärtchen mit persönlichen Glückwünschen: ›Wir alle bewundern die Meisterschaft Ihrer Formulierungen und die Treffsicherheit Ihrer Wortspiele! Nur weiter so!‹ Wie finden Sie das?«

»Ich finde das sehr nett von ihm. Es zeugt von seinem gesunden Humor. Ein anderer an seiner Stelle hätte vielleicht protestiert. Er nicht.«

»So. Und warum hat er dann protestiert, als ich in einem Artikel eine Andeutung machte, dass er einen Bauch bekommt?«

»Weil das seinem Bild in der Öffentlichkeit schadet. Sie müssen persönliche Angriffe vermeiden.«

»Ich muss gar nichts vermeiden. Ich bin ein Fanatiker der Wahrheit, ich bin ein kämpferischer Satiriker. Haben Sie meine Artikelserie über die Verbrecherorganisationen in unserem Land gelesen?«

»Sie meinen Ihre Offenlegung der Missstände im Flughafen?«

»Nein, die haben mir drei Freiflüge nach Europa eingebracht. Ich meine die Enthüllungen über die Oberschicht der Unterwelt. Ich meine das merkwürdige Anwachsen in Brand geratener Läden und der damit zusammenhängenden Gewalttaten, darunter einige Mordfälle. Sogar der Polizeipräsident wurde aufmerksam, lud mich zum Mittagessen ein und brachte einen Toast auf mich aus: ›Ich trinke auf das Gewissen unserer Nation, auf den unermüdlichen Enthüller der verborgenen Übel in unserem Land!‹ Noch nie im Leben habe ich so stürmischen Beifall gehört.«

»War das damals, als Ihr Name im Goldenen Buch verewigt wurde?«

»Nein. Ins Goldene Buch wurde ich eingeschrieben, als es mir gelang, die Korruption in der Landverteilung aufzudecken.«

»Das war ja auch ein brillanter Artikel. Ich habe mich schiefgelacht.«

»Danke vielmals. Aber die Korruption geht weiter. Fast scheint es mir, als hätte dieser Mittelmeerbazillus auch mich schon infiziert. Vor ein paar Wochen brauchte ich eine kleine Gefälligkeit von einem unserer Ämter, und da ich dort niemanden kenne, schrieb ich einen Artikel, dass in der betreffenden Abteilung lauter Idioten säßen. Prompt waren die freundschaftlichen Beziehungen hergestellt. ›Wenn Sie wüssten, wie recht Sie haben‹, sagten mir die Mitglieder des Stabs. Und gaben mir bereitwillig weitere Auskünfte.«

»Ein höchst anerkennenswerter Zug zur Selbstkritik.«

»Ohne die geringsten Folgen.«

»Sie dürfen nicht zu viel auf einmal verlangen. Man muss nachsichtig sein. Liebe deinen Nächsten wie dich selbst.«

»Was hat das mit Liebe zu tun, zum Teufel? Sie reden nichts als Unsinn, Herr Doktor.«

»Möglich, möglich.«

»Verzeihen Sie – aber ich hätte mehr von Ihnen erwartet als solche Dummheiten.«

»Das liegt an Ihnen.«

»Sie sind kein Psychiater, Sie sind ein läppischer Phrasendrescher. Immer dasselbe. Wie eine Schallplatte mit Sprung.«

»Ich kann Ihnen nicht widersprechen.«

»Im Grunde sind Sie genauso unverbesserlich wie alle anderen.«

»Wenn Sie wüssten, wie recht Sie haben.«

Der Löw' ist los

Eines Tages hatte der Impresario Jehuda Sulzbaum den fulminanten Einfall, die berühmtesten Löwenbändiger der Welt mit ihren Dressurakten nach Israel zu bringen und im Stadion von Ramat Gan 25 Galavorstellungen zu veranstalten. Da er ein Mann der raschen Entschlüsse war, flog er sofort nach Amerika, wo es ihm gelang, mit nicht weniger als neun prominenten Vertretern des Dompteurfaches Verträge abzuschließen. Seine Kalkulation war ebenso einfach wie realistisch.

Lufttransport für 9 Dompteure und 83 Löwen nach Tel Aviv (20 Flugzeuge)	Pfund	54 000,–
Unterkunft und volle Verpflegung im Sharon-Hotel (25 Tage)	Pfund	750 000,–
Stadionmiete für 25 Abende	Pfund	25 000,–
Unvorhergesehene Spesen	Pfund	200,–
Gesamtsumme	Pfund	829 200,–

Das Stadion fasst 40 000 Zuschauer, also an 25 Abenden insgesamt eine runde Million. Bei einem Eintrittspreis von 5 Pfund ergibt das 5 Millionen und somit einen Reingewinn von mehr als 4 Millionen Pfund.

❖

In den Zeitungen erschienen spaltenlange Vorankündigungen über das Spektakel, besonders über den Star-Löwen Bejgele, der nur Jiddisch verstand. Für die Pressefotografen war es ein Festtag, als die Löwen auf dem Flughafen Lydda ankamen und von eigens hierfür abgestellten Panzerkolonnen zum Sharon-Hotel eskortiert wurden. Am Abend fand zur Feier des Anlasses ein großes Bankett statt, an dem mehrere Regierungsmitglieder, das gesamte Diplomatische Korps und zahlreiche Persönlichkeiten des öffentlichen Lebens teilnahmen. Der Innenminister brachte einen Toast auf Jehuda Sulzbaum aus, verglich ihn mit seinem größten amerikanischen Kollegen und nannte ihn kurzerhand den »Sol Hurok des Nahen Ostens«. In einer tief bewegten Rede erklärte ein Sprecher der Gäste, dass der alte Traum aller Löwenbändiger soeben in Erfüllung gegangen sei: Nun wären sie endlich in Indien und könnten auf Tigerjagd gehen …

Von der Hotelküche wurden zur Verköstigung der Löwen 10 Kamele und 30 Esel zubereitet.

Zweihundert Scheinwerfer ergossen ihr strahlendes Licht über die 20 000 Besucher der Galapremiere im Stadion. Dem Programmheft zufolge war die feierliche Eröffnung des Abends dem Bürgermeister von Ramat Gan zugedacht: Er sollte den Löwenkäfig betreten, eine Peitsche mit goldenem Stiel erheben und einmal laut knallen. Aus irgendwelchen Gründen

116

lehnte der Bürgermeister diese Prozedur ab, knallte draußen vor dem Käfig und traf die Gattin des italienischen Botschafters in den Nacken; sie wurde unverzüglich in die Unfallklinik gebracht. Nach diesem kleinen Zwischenfall begann die Vorstellung. Löwen kamen, sprangen durch brennende Reifen, gingen auf Seilen, hockten auf Schemeln, stellten sich auf die Hinterbeine und hielten kleine blauweiße Flaggen in den Pranken. Stürmischer Applaus. Dann kamen andere Löwen, sprangen durch brennende Reifen, gingen auf Seilen, hockten auf Schemeln und hielten andere kleine blauweiße Flaggen in den Pranken … Dann kamen noch mehr Löwen … noch mehr brennende Reifen … Seile … Schemel … kleine blauweiße Flaggen … Das Ganze dauerte mehr als sechs Stunden, aber schon nach vier Stunden machten sich unter den Zuschauern gewisse Müdigkeitserscheinungen bemerkbar, und einige der anwesenden Kinder warfen mit Orangenschalen nach den Löwen, Reifen und Seilen.

Der nächste Abend zeigte ein starkes Absinken der Besucherzahl. Im Unterschied zu den respektablen 20 000 der Eröffnungspremiere kamen am zweiten Abend nur 1412 Zuschauer, am dritten nur 407, am vierten 18 und am fünften 7 (einschließlich der 4 Polizisten). Die Einnahmen waren weit davon entfernt, die Spesen zu decken.

Jehuda Sulzbaum, der Impresario, befand sich in einer unangenehmen Lage. Seine Verträge lauteten auf weitere zwanzig Abende, aber er konnte weder die

Dompteure noch die Hotelrechnung bezahlen. Die Dompteure waren überdies enttäuscht, weil sie ihre Hoffnungen, in Indien reich zu werden, zerrinnen sahen, und die Löwen waren enttäuscht, weil sie nicht genug zu fressen bekamen. Am sechsten Tag wurden ihnen nur noch 3 Kamele und 9 Esel serviert, am siebenten nur noch 6 Esel, was für 83 Löwen entschieden zu wenig ist. Die hungrigen Bestien brachen in grauenerregendes Brüllen aus, das die Hotelgäste empfindlich störte.

Nach zehn Tagen teilte die Leitung des Sharon-Hotels dem Impresario Sulzbaum mit, dass sie die Löwen mitsamt ihren Bändigern hinauswerfen würden, wenn die aufgelaufenen Rechnungen nicht innerhalb 48 Stunden bezahlt wären. Sulzbaum lehnte es ab, sich erpressen zu lassen. Am nächsten Tag wurden die Löwen hinausgeworfen, teilten sich in kleinere Gruppen und erschienen immer dort, wo man sie am wenigsten erwartete. Als Senator Alfonso Goldstein, der Vorsitzende des United Jewish Appeal für Uruguay, ihrer Fresslust zum Opfer fiel, entsetzte sich die Bevölkerung, und die Presse forderte ein sofortiges Einschreiten der Polizei. Die Polizei erklärte, dass sie mit dieser ganzen Angelegenheit, die ja auf finanzielle Unstimmigkeiten zurückging, nichts zu tun hätte und außerdem über kein Budget für Löwenjagden verfügte. Das Fremdenverkehrsamt überlegte daraufhin die Veranstaltung von Großwildjagden, kam jedoch zu keinem Ergebnis.

Nach dem Verschwinden des Impresarios Sulzbaum

legten die Behörden der Schweizer Gesandtschaft eine Evakuierung der Löwen nahe, da sie eine Gefahr für das Leben der in Israel befindlichen Schweizer Bürger darstellten. Der Schweizer Gesandte lehnte den Vorschlag ab. Ebenso erfolglos blieb ein Appell an die Regierung der Vereinigten Staaten um technischen Beistand unter Punkt 4 des Hilfsprogramms für Entwicklungsländer.

Mittlerweile setzten die Löwen ihr unverantwortliches Treiben fort. In Herzliah verschlangen sie innerhalb eines einzigen Tages 32 Personen und fügten damit dem Ruf dieser Ortschaft als Kur- und Erholungszentrum schweren Schaden zu. Die Löwenbändiger verlegten sich auf Banküberfälle und Straßenraub.

Etwa drei Wochen später wurden im ganzen Land verwahrloste Löwen gesichtet. Einer von ihnen nistete sich im Gebäude der Gewerkschaftszentrale ein und riss dort einen Beamten pro Tag, ohne dass man den Verlust bemerkt hätte. Erst als der Mann, der für die Teeversorgung zuständig war, nicht mehr kam, wurde man sich darüber klar, dass man einen Löwen im Haus hatte. Die Armee wurde beauftragt, Regierungsgebäude und Parteihäuser mit Stacheldraht zu sichern.

Sulzbaum befand sich um diese Zeit an der Riviera und empfahl dem Finanzministerium telefonisch, die Kosten für den Abtransport der Löwen durch eine Zigaretten-Sondersteuer zu finanzieren.

Schließlich gelang es der Regierung, die UNESCO zu überzeugen, dass es im Sinne der internationalen

Konvention über die Verhinderung von Massenmord ihre Sache wäre, sich der Löwen anzunehmen. Daraufhin besorgte ein von der UNESCO gechartertes Schiff unter schwedischer Flagge den Abtransport der 21 Löwen. Die übrigen waren verhungert oder hatten sich in der Wüste Negev niedergelassen. Von den Löwenbändigern überlebten insgesamt fünf die verschiedenen Schusswechsel mit der Polizei. Sie protestierten gegen die feindselige Haltung der Behörden, erklärten jedoch, dass ihre Löwen vom Geschmack des israelischen Publikums begeistert wären.

Kredit auf lange Sicht

»Wenn ich Sie recht verstehe, mein Herr, benötigen Sie ein Darlehen, das Ihre persönliche Wirtschaftslage stabilisiert«, sagte Herr Feintuch, Inhaber der Feintuch-Bank und Vorsitzender ihres Aufsichtsrates. »Es wird uns eine Ehre sein, Sie mit der gewünschten Summe zu versorgen. Zugleich möchte ich Ihnen meinen Dank dafür aussprechen, dass Sie sich an unser Institut gewendet haben.«

Auf diesem Niveau hatte sich das Gespräch von Anfang an bewegt. Besonders Herr Feintuch bediente sich einer außerordentlich gewählten, ebenso höflichen wie taktvollen Ausdrucksweise. Der erfahrene Finanzmann hatte offensichtlich im gleichen Augenblick, da ich sein geschmackvolles Büro betrat, eine tiefe Zuneigung zu mir gefasst. Davon überzeugten mich die zwei vollen Stunden, die ich gebraucht hatte, um zum Thema zu kommen. Herr Feintuch verbreitete sich zuerst über die moralischen Aspekte des Falles, dann über die humanistischen und schließlich über die finanzpolitischen: Der Bürger – das war ich – muss zwecks hermetischer Isolation seines Balkons über ein bestimmtes Kapital verfügen können. Daraufhin unternimmt die Gesellschaft – das war Herr Feintuch – die geeigneten Schritte, die ihm, dem Bürger, dies ermöglichen.

»Wir sind keine bloßen Financiers«, hob Herr Feintuch hervor. »Wir sind auch Menschen, und zwar Menschen von höchster Integrität. Wie Sie zweifellos wissen, mein Herr, kommt das Wort ›Kredit‹ vom lateinischen ›credere‹ – das heißt so viel wie glauben, vertrauen. Und in der Tat: Unser Unternehmen kann nur auf der Basis gegenseitigen Vertrauens funktionieren. Nehmen Sie meine besten persönlichen Wünsche entgegen, gekoppelt mit den besten Wünschen unseres ganzen Instituts und seiner Mitarbeiter.«

Wir erhoben uns aus den betörenden Tiefen unserer Lederfauteuils und tauschten einen festen Händedruck.

»Nun gut«, resümierte Herr Feintuch feierlich. »Und wie hoch ist der Betrag, den Sie wünschen?«

»Sechstausend.«

»Cents?«

»Nein. Pfund.«

»Jetzt?«

»Jetzt.«

Herr Feintuch wurde blass, entschuldigte sich und verließ den Raum, um sich mit seinen Direktoren zu beraten. Eine halbe Stunde später kehrte er zurück. Über seinem Gesicht lag ein freundliches, wenn auch angestrengtes Lächeln.

»Ist Ihre Wohnung, wenn ich fragen darf, mit einer Hypothek belastet?«

»Nein.«

»Gott sei Dank.« Der Finanzmann ließ einen Seufzer der Erleichterung hören. »Und was nun die Zahlungsmodalitäten betrifft, so werden wir Sie bitten müssen, uns für jede monatliche Rückzahlung im Voraus einen signierten Wechsel auszustellen.«

»Selbstverständlich«, sagte ich.

Daraufhin erkundigte sich Herr Feintuch, wie lange ich brauchen würde, um meine Schuld abzuzahlen.

»Wenn wir Ihnen die 6000 Pfund für einen Zeitraum von fünf Jahren vorstrecken, beträgt die monatliche Rückzahlungsrate 100 Pfund. Ist das zu viel?«

»Offen gestanden, ja.«

»Dann käme Ihnen wohl ein etwas längerer Zeitraum gelegen, nicht wahr? Bitte sehr. Bei einer Laufzeit von zehn Jahren betragen die Monatsraten nur 50 Pfund.«

»Danke vielmals.«

»Keine Ursache.« Aus Herrn Feintuchs Stimme sprach jenes Wohlwollen, das für ihn so charakteristisch war. »Langfristige Kredite gelten in inflationären Zeitläuften als gute Investition. Da wir jedoch zuallererst das Interesse unserer Kunden im Auge haben, möchte ich Ihre Aufmerksamkeit auf die üblichen 10 Prozent lenken.«

»Was bedeutet das?«

Herr Feintuch beschäftigte sich ein wenig mit der Rechenmaschine auf seinem Schreibtisch und gab mir dann die erbetene Auskunft.

»Für 6000 Pfund auf fünf Jahre zahlen Sie 1500 Pfund Zinsen. Das macht in zehn Jahren ... lassen Sie mich sehen ... 3000 Pfund.«

Ich konnte den in solchen Fällen naheliegenden Ausruf »Oiweh!« nicht unterdrücken und fuhr dann fort: »3000 Pfund als zusätzliche Zahlung zu den Monatsraten – das ist aber eine recht kräftige Belastung!«

»Wo denken Sie hin«, beruhigte mich Herr Feintuch. »Wir würden unseren Kunden eine derartige Zusatzbelastung niemals aufbürden! Im Gegenteil. Wir kassieren diese Dividende im Voraus, sodass der Klient praktisch überhaupt keine Zinsen zu zahlen hat. Er erstattet uns nur das Kapital als solches.«

Das klang vernünftig. Ich würde also einen Kredit von 6000 Pfund auf zehn Jahre aufnehmen, und man würde mir die Zinsen im Voraus abziehen. Auf diese Weise bekäme ich zwar nur 3000 Pfund auf die Hand, wäre aber mit monatlichen Rückzahlungen von nicht mehr als 50 Pfund für die nächsten zehn Jahre ganz gut dran. Bei einer Laufzeit von zwanzig Jahren wäre ich allerdings noch besser dran. Ich gab Herrn Feintuch zu verstehen, dass ich eine zwanzigjährige Laufzeit vorziehen würde.

»Ganz wie Sie wünschen.« Herr Feintuch war die Liebenswürdigkeit selbst. »Für 6000 Pfund betragen die Zinsen bei einer Laufzeit von zwanzig Jahren 6000 Pfund. Aber dafür beträgt die monatliche Rückzahlungsrate nur 25 Pfund.«

Ich stellte eine eilige Kopfrechnung an. Wenn ich mir jetzt 6000 Pfund ausborge, von denen mir sofort 6000 Pfund abgezogen werden, brauche ich mich um nichts mehr zu kümmern, und die 25 Pfund monatlich würden mich schon nicht umbringen. Heutzutage, wo die Inflation mit jedem Tag steigt, ist es ja ein Wunder, dass man überhaupt noch ein Darlehen bekommt. Wer weiß, was das Geld in zwanzig Jahren wert sein wird. Aber darüber sollen sich die Banken den Kopf zerbrechen. Was mich betrifft, so kann die Laufzeit gar nicht lange genug dauern. Ein kühner Gedanke kam mir.

»Herr Feintuch«, sagte ich mit heiserer Stimme, »wie wär's, Sie geben mir einen Kredit auf dreißig Jahre?«

Herr Feintuch dachte ein wenig nach. Meine Geldgier schien ihm nicht zu behagen.

»Na ja«, meinte er schließlich. »Warum nicht. Also dreißig Jahre.« Wieder hantierte er an seiner Rechenmaschine. »Damit reduziert sich Ihre monatliche Zahlung auf 16,50 Pfund. Wirklich eine Bagatelle.«

Die 10 Prozent Zinsen von 6000 Pfund auf dreißig Jahre beliefen sich auf insgesamt 9000 Pfund. Das ergab eine Summe von 3000 Pfund zu meinen Lasten. Ich zog mein Scheckbuch hervor und überreichte

Herrn Feintuch einen Scheck über 3000 Pfund. Dann unterschrieb ich 360 korrekt vordatierte Schuldscheine zu 16,50 Pfund, und dann machten wir uns an die Ausarbeitung der Formulare für eine Hypothek auf meine Wohnung. Die Bürgen werden morgen unterschreiben.

Die beste Ehefrau von allen schien über meine Transaktion nicht restlos erfreut zu sein. Ich hätte, so fand sie, die Laufzeit des Kredits auf fünfzig Jahre erstrecken sollen.

»Sehr gescheit gedacht«, entgegnete ich sarkastisch. »Und wo soll ich die 9000 Pfund für die im Voraus zu entrichtenden Zinsen hernehmen?«

Ein strafender Blick begleitete ihre Antwort. »Das kann doch nicht so schwer sein. Da nimmt man eben einen langfristigen Kredit auf.«

Der verwaltete Konkurs

»Gestatten, dass ich mich vorstelle, mein Herr. Ich bin der internationale Konkursverwalter.«

»Sehr angenehm, ich bin der Staat persönlich. Wollen Sie nicht vielleicht Platz nehmen?«

»Danke. Wie Ihnen bekannt sein dürfte, soll ich Ihre gegenwärtige finanzielle Lage analysieren, Ihr gütiges Einverständnis vorausgesetzt.«

»Sie haben mein gütiges Einverständnis.«

»Also, aus dem Bericht Ihres Rechnungshofes geht hervor, dass Ihre Auslandsschulden an die verschiedensten internationalen Institutionen den horrenden Betrag von 24 Milliarden Dollar erreicht haben. Wie sehen Sie Ihre Finanzlage?«

»Ausgeglichen.«

»Wie bitte?«

»Wenn Sie mir erlauben, werde ich Ihnen mein Konzept erläutern, Herr Konkursverwalter.«

»Ich bitte darum.«

»Also, jedes neugeborene Kind hat im landesweiten Durchschnitt schon am Tage seiner Geburt eine Auslandsschuld von 5000 Dollar. Gleichzeitig schuldet unser Fiskus jedem dieser Neugeborenen im Moment seines ersten Schreis Inlandsschulden in Höhe von 6500 Dollar. Sie sehen also, unsere Zahlungsbilanz ist sorgfältig ausbalanciert.«

»Das ist eine Frage des Standpunktes. Soweit ich die Sachlage überblicke, betragen Ihre Gesamtschulden gegenwärtig 52 Milliarden Dollar.«

»Sie sind nicht auf dem Laufenden, mein Herr. Das war der Stand zu Beginn der Woche. Seit Donnerstag sind es bereits 53 Milliarden.«

»Mein Gott!«

»Nicht nervös werden. Bei mir ist alles bis ins letzte Detail vorprogrammiert. Zum gegenwärtigen Zeitpunkt wird lediglich ein Drittel des Staatshaushaltes zur Schuldentilgung aufgewendet. In drei Jahren werden es schon zwei Drittel sein, spätestens in zehn Jahren wird das gesamte Bruttosozialprodukt zur Tilgung von Schulden umgewidmet.«

»Und was geschieht dann?«

»Wann?«

»Wenn die Schulden das Bruttosozialprodukt überholt haben.«

»Ach, da wird uns schon irgendetwas einfallen, oder nicht?«

»Was zum Beispiel?«

»Wir werden Anleihen aufnehmen.«

»Und wovon wollen Sie diese Anleihen zurückzahlen?«

»Aus Anleihen.«

»Und wenn niemand mehr Anleihen zeichnen wird?«

»Dann nehmen wir Kredite auf.«

»Und wenn Ihnen niemand mehr Kredite gewährt, was dann?«

»Warum sollte man uns keine Kredite gewähren?«

»Aus einer Laune heraus.«

»Dann nehme ich bei der sizilianischen Mafia einen Kredit zu Wucherzinsen auf.«

»Und wenn Ihnen nicht einmal mehr Kredite zu Wucherzinsen gewährt werden?«

»Dann eben zu Wucher-Wucher-Zinsen.«

»Und wenn …«

»Dann eben zu Wucher-Wucher-Wucher-Zinsen.«

»Aber es könnte doch der Tag kommen, an dem Sie nirgends auf der Welt mehr Kredite erhalten, nicht einmal zu den allerhöchsten Wucherzinsen.«

»Dann werde ich eben die Treibstoffpreise erhöhen. Wenn ich zum Beispiel ab nächster Woche den Literpreis für Benzin auf 3 Dollar ansetze, bedeutet das pro

Jahr eine Milliarde mehr für den Staatssäckel. Wenn ich aber den Benzinpreis auf 30 Dollar pro Liter erhöhe, dann sind es gleich 10 Milliarden. Verstehen Sie? Ein Literpreis von 300 Dollar würde pro Jahr ...«

»Wenn ich kurz unterbrechen darf. Was passiert, wenn das Volk dann nicht mehr Auto fährt?«

»Warum soll das Volk nicht mehr Auto fahren? Wozu, glauben Sie, kaufen sich die Leute Autos, wenn nicht zum Fahren.«

»Gewiss, aber wäre es nicht wesentlich einfacher und logischer, wenn Sie sich überwinden könnten, mehr zu leisten und weniger zu verbrauchen?«

»So primitiv kann auch nur ein Konkursverwalter denken. Wenn ich mich einmal der ständigen Erhöhung des Lebensstandards in den Weg stellen würde, so könnte meine Partei die nächsten Wahlen verlieren.«

»Ich frage Sie, was ist wichtiger, die Wahlen oder das Schicksal der Nation?«

»Die Wahlen.«

»Dieser Standpunkt kommt einem Scheitern der Demokratie gleich.«

»Mag sein, aber es gibt keine Alternative. Möchten Sie denn in diesem Land lieber eine Diktatur nach dem Muster der Roten Khmer in Kambodscha sehen? Ziehen Sie es vor, wenn Menschen in Plastikbeutel gesteckt und ihre Schädel mit rostigen Hämmern eingeschlagen werden? Ist es wirklich das, was Sie hier erreichen wollen, mein Herr?«

»Natürlich nicht.«

»Dann mischen Sie sich gefälligst nicht in mein Finanzgebaren, ja? Mein Motto lautet: Die Sanierung der Wirtschaft hat Vorrang, aber nicht auf Kosten des Wählers.«

»Auf wessen Kosten denn, wenn ich mir die Frage erlauben darf?«

»Auf Kosten meiner Gläubiger.«

»Wie dem auch sei, ich habe die Aufgabe, gemeinsam mit Ihnen das Datum Ihres wirtschaftlichen Bankrottes festzulegen.«

»Wenn Ihnen das so wichtig ist, bitte schön.«

»Was halten Sie vom 15. Mai nächsten Jahres?«

»Einen Augenblick, lassen Sie mich meinen Terminkalender konsultieren. Nein, zu diesem Zeitpunkt wird sich mein Finanzminister in San Flamingo aufhalten, um diesem armen Land eine größere Entwicklungshilfe zur Verfügung zu stellen.«

»Sie wollen Entwicklungshilfe *geben*?«

»Natürlich, das bin ich meinem internationalen Ansehen schuldig. Was halten Sie vom 17. April um 11.30 Uhr?«

»Ausgezeichnet. Ich erlaube mir zu notieren: ›Allgemeiner Zusammenbruch der Staatsfinanzen, 11.30 Uhr.‹ Ich danke für das Gespräch.«

»Keine Ursache. Übrigens, bevor Sie gehen, könnten Sie mir vielleicht ein bisschen Kleingeld borgen? Ich habe meine Geldbörse zu Hause vergessen …«

Elefantiasis

»Jetzt«, bemerkte unsere Anlageberaterin Frau Kalaniot, »wäre eine gute Zeit, Elefanten zu kaufen.«

»Warum gerade jetzt?«, fragte ich.

»Weil«, antwortete Frau Kalaniot, »der Preis noch unverändert ist. Sechs Pfund das Kilo, dazu 72 Prozent Umsatzsteuer und 85 Prozent Zoll. Wenn ich Geld hätte, würde ich sofort einen Elefanten kaufen.«

Ich versuchte zu widersprechen, aber Felix Selig fiel mir ins Wort.

»Und dann wundert man sich, warum die Nachfrage nach Elefanten den Lebenskostenindex in die Höhe treibt. Nur weil das Kilo Elefant noch immer so viel kostet wie vor der Abwertung, müssen wir über kurz oder lang für alles andere doppelt so viel bezahlen.«

Ziegler stieß ein gellendes Lachen aus.

»Elefanten kaufen! Was für ein Unsinn. Wirklich, Kinder, manchmal habe ich das Gefühl, dass ihr alle verrückt seid. Elefanten! Welcher vernünftige Mensch kauft heute irgendetwas, das nicht aus einem der Länder mit harter Währung kommt? Die Elefanten sind bekanntlich nicht mit der Dollarzone assoziiert, und deshalb besteht keine Aussicht, dass ihr Preis jemals steigen wird.«

»Und wenn er trotzdem steigt?«, fragte ich. »Man muss bedenken, dass ein Elefant nur so lange eine günstige Investition darstellt, wie er wenig kostet. Wenn er teurer wird, ist er wertlos, weil man ihn nicht mehr verkaufen kann, sobald keine Aussicht besteht, dass sein Preis steigen wird.«

Ich hatte das Gefühl, dass man meine lichtvollen Ausführungen nicht ganz verstand. Die Runde zerstreute sich.

Zu Hause berichtete ich meiner Frau über das Elefantenproblem.

»Kaufen wir einen«, sagte sie. »Nur um sicherzugehen.«

Ich suchte Lubliners Tierhandlung auf und verlangte einen Elefanten.

»Ausverkauft«, antwortete Lubliner, ohne mit der Wimper zu zucken.

Ich ließ mich nicht so leicht abweisen und sah mich unauffällig um. Richtig: In einer dunklen Ecke, hinter einem Papageienkäfig, stand ein Elefant.

»Und was ist das?«, fragte ich anzüglich.

Lubliner errötete und versuchte sich darauf herauszureden, dass es zu seinen Geschäftsprinzipien gehörte, immer mindestens ein Exemplar von jeder Gattung verfügbar zu haben.

»Wenn ich heute verkaufe – wer weiß, was ich morgen für die Nachlieferung zahlen muss. Zwei Elefanten warten auf mich unter Zollverschluss, und ich kann sie nicht herausbekommen. Die Regierung verlangt einen Zollzuschlag, weil der Elefantenpreis in die Höhe gehen wird, wenn sie einen Zollzuschlag verlangt.«

Ich verließ Lubliner mit leeren Händen. Offen gestanden: Es tat mir nicht besonders leid. Ich habe bisher ohne einen Elefanten gelebt und werde auch weiter ohne einen Elefanten leben können.

Und was sah ich plötzlich in einer Seitenstraße des Rothschild-Boulevards? Wer kam mir da entgegen? Ziegler mit einem Elefanten an der Leine.

Ich trat auf ihn zu.

»Woher hast du den Elefanten?«, fragte ich.

»Welchen Elefanten?«, fragte Ziegler.

»Den hinter dir.«

»Ach den.« Ziegler begann zu stottern. »Der gehört nicht mir. Mein Cousin ist auf Waffenübung und hat mich gebeten, das arme Tier spazieren zu führen.«

Das klang höchst unglaubwürdig. Seit wann führt man einen Elefanten spazieren? Ein Elefant ist ja kein Hund. Die beste Ehefrau von allen war der gleichen Ansicht, als ich ihr davon erzählte.

»Auch bei uns im Haus stimmt etwas nicht«, fügte sie hinzu. »Seit gestern höre ich aus der Wohnung der Kalaniots ein merkwürdiges Geräusch. Klingt wie Trompeten. Die haben sicherlich in der Zeitung gelesen, dass die Einfuhrgebühr für Elefanten erhöht werden soll.«

Ich nickte betreten und betrübt. Es ist nicht angenehm zu wissen, dass jedermann im Umkreis etwas unternimmt, und nur man selbst steht da und lässt sich von der Entwicklung überrennen.

In der Nacht hörten wir gedämpftes Trampeln im Treppenhaus. Wir lugten durch den Gucker: Erna Selig und ihr Mann stiegen auf Zehenspitzen zu ihrer Wohnung hinauf, zwei Elefanten im Schlepptau.

Als wir am nächsten Morgen die Zeitung öffneten, wurde uns alles klar: »Regierung untersucht Preiskartellbildung für Elefantenstoßzähne«, lautete eine balkendicke Überschrift.

Das also war's. Die beste Ehefrau von allen machte sich erst gar nicht die Mühe, ihren Zorn zu verhehlen.

»Geh und mach was!«, rief sie mir zu. »Und dass du mir ja nicht ohne einen Elefanten nach Hause kommst! Jeder Idiot weiß, was er zu tun hat, nur du nicht.«

Gegen Abend gelang es mir tatsächlich, einen preisgünstigen Elefanten zu erstehen. Ich kaufte ihn einem Neueinwanderer ab, der noch Steuerfreiheit genoss.

Der Elefant konnte sich nur mit Mühe durch das Haustor zwängen, das in den letzten Tagen merklich niedriger geworden war. Vermutlich lag das an den Elefanten. Fast jedes Stockwerk hatte mindestens einen aufzuweisen, und alle zusammen drückten das Mauerwerk nach unten. Im Übrigen mussten wir sehr behutsam vorgehen, um den Verkäufer nicht noch nachträglich zu gefährden. Neueinwanderer durften ihre Elefanten frühestens nach Ablauf eines Jahres verkaufen.

Wir gingen zu Bett, fröhlich wie noch nie seit der Abwertung der israelischen Währung.

Am nächsten Morgen stürzte das Haus ein. Aus den Trümmern arbeiteten sich elf Elefanten hervor und rasten in wildem Galopp durch die Straßen. Die Experten behaupteten, dies hätte sich vermeiden lassen, wenn die Elefanten an den Index gebunden wären.

Alles auf der Welt hat seinen Preis. Auch die wirtschaftliche Unabhängigkeit eines Landes.

Kein Weg nach Oslogrolls

Das ganze Malheur wäre nicht geschehen, wenn Sulzbaum sich nicht eingebildet hätte, dass ich der richtige Mann für diesen Posten wäre. Sulzbaum hatte schon seit Langem nach einem Mann mit Hirn Ausschau gehalten, nach einem wirklichen Kopf, dem er wirklich vertrauen konnte. Von grauen Zellen hat er anscheinend noch nichts gehört. Jetzt, nachdem wir einige Zeit verhandelt hatten, deutete er unmissverständlich an, dass er die Sache in meine Hände legen wollte.

Als ich ihn an jenem schicksalsträchtigen Abend anrief, bat er mich, ihn gleich aufzusuchen. Meine Freude lässt sich in Worten gar nicht schildern. Sulzbaum ist immerhin Sulzbaum, das steht außer Zweifel. Ich fragte ihn also ohne Umschweife nach seiner Adresse. »Helsingforsstraße 5«, sagte er.

»Fein«, sagte ich. »In ein paar Minuten bin ich bei Ihnen.«

»Ausgezeichnet«, sagte er.

Ich machte mich unverzüglich auf den Weg. Aber schon nach wenigen Schritten stellte sich mir ein Hindernis entgegen: Ich hatte den Straßennamen vergessen. Glatt vergessen. Ich konnte mich nur noch erinnern, dass der erste Buchstabe ein P war. Rasch entschlossen betrat ich eine Telefonzelle und wollte

Sulzbaums Adresse aus dem Telefonbuch heraus-
suchen.

Es war kein Sulzbaum im Telefonbuch. Um ganz
sicherzugehen, sah ich noch unter Z nach. Es war
auch kein Zulzbaum im Telefonbuch.

Wahrscheinlich hat er einen neuen Anschluss,
dachte ich. Ein Glück, dass ich mir die Nummer auf-
geschrieben hatte. Ich rief ihn an.

»Mir ist etwas Komisches passiert«, sagte ich. »Ich
habe den Namen Ihrer Straße vergessen.«

»Helsingfors«, sagte Sulzbaum. »Helsingforsstraße 5.«

»Danke vielmals.«

Durch Schaden gewitzt, wiederholte ich unablässig
und leise »Helsingfors ... Helsingfors ...«, bis ich endlich, hoch oben im Norden der Stadt, einen Passanten
nach der genauen Lage der Straße fragen konnte.

»Entschuldigen Sie bitte, wo ist hier die ...«

»Leider«, unterbrach mich der Befragte. »Ich bin
selber fremd hier. Ich suche die Uziel-Straße.«

»Uziel-Straße ... Zufällig weiß ich, wo die ist. Ge-
radeaus, und dann die zweite rechts.«

»Vielen Dank. Ich bin Ihnen sehr verbunden. Übrigens – wie heißt die Straße, die Sie suchen?«

»Ich? Ich suche ... nein, so was!«

Tatsächlich, dieser verdammte Uziel hatte mich
meinen eigenen Straßennamen vergessen lassen. Ich
erinnerte mich nur noch, dass die Straße mit einem K
anfing. Die Nummer war 9 oder 19, das wusste ich
nicht mehr so genau.

Es widerstrebte mir, nochmals bei Sulzbaum anzurufen. Sonst hielt er mich vielleicht für einen jener gedächtnisschwachen Menschen, die imstande sind, Straßennamen zu vergessen, auch wenn man sie ihnen zweimal sagt. Ich zermartete die Reste meines Gehirns nach dem vergessenen Namen. Aber da bestätigte sich wieder einmal die alte Erfahrung, dass ich – wie jeder höher organisierte Intellekt – ein plötzlich aufgetretenes Problem nicht lösen kann. Unter solchen Umständen tat ich das einzig Mögliche: Ich setzte mich in ein Kaffeehaus, entspannte mich und wartete auf die Erleuchtung. Sie kam nicht. Der einzige Straßenname, der mir einfiel, war Schmarjahu Levin (an den ich mich bis dahin niemals hatte erinnern können, weiß der Teufel, warum). Nun wusste ich aber, dass der Name, den ich suchte, nicht Schmarjahu Levin war. Es war ein ausländischer Name, das schon, und er begann mit einem L. Aber weiter kam ich nicht.

Als rief ich nochmals bei Sulzbaum an.

»Hallo«, sagte ich. »Ich bin bereits unterwegs. Könnten Sie mir sagen, wie ich am schnellsten zu Ihrem Haus komme?«

»Wo sind Sie jetzt?«

»Ben-Jehuda-Straße.«

»Da sind Sie schon ganz in der Nähe. Lassen Sie sich's von irgendeinem Passanten zeigen.«

»Mach ich. Und wie buchstabiert man den Straßennamen?«

»So wie man ihn ausspricht. Warum?«

»Ich habe den Eindruck, dass die Leute hier den

Namen nicht recht kennen. Es scheint eine neue Straße zu sein.«

»Gar so neu ist sie nicht.«

»Trotzdem. Ein so langer Straßenname ...«

»Wieso? Da gibt es noch viel längere. Die Hohepriester-Matitjahu-Straße zum Beispiel. Oder die Straße der Tore von Nikanor. Oder die Akiba-Kolnomicerko-Straße.«

»Gewiss, gewiss. Aber bei Ihrer Straße verstaucht man sich die Zunge.«

»Kann ich nicht finden. Man gewöhnt sich. Und überhaupt: Warum machen Sie sich plötzlich so viel Sorgen über einen Straßennamen? Ich warte auf Sie. Kommen Sie oder nicht?«

»Natürlich. In fünf Minuten.«

»Gut.«

Sulzbaum legte den Hörer auf, und ich stand in der Zelle. Es waren vielleicht die schwierigsten Augenblicke, seit ich geheiratet hatte. Die Namen »Hohepriester Matitjahu«, »Tore von Nikanor« und »Akiba Kolnomicerko« hatten sich unauslöschlich in mein Gedächtnis eingegraben, ohne dass ich die geringste Verwendung für sie gehabt hätte.

Eine Weile verstrich, ehe ich mich entschloss, den Hörer abzunehmen und meinen Finger an die Wählscheibe zu setzen.

»Sulzbaum«, flüsterte ich, »lieber Sulzbaum. Wie heißt Ihre Straße?«

Sulzbaums Stimme kam mit eisigem Zischen.

»Helsingfors. Vielleicht schreiben Sie sich's auf!«

Ich griff in die Tasche nach einem Kugelschreiber, fand aber keinen.

Und bevor ich Sulzbaum noch informieren konnte, dass ich in fünf Minuten bei ihm sein würde, hatte er schon aufgehängt.

Diesmal würde ich die Fehler der Vergangenheit nicht wiederholen. Diesmal machte ich's mit der Mnemotechnik. Ich analysierte den Namen Helsingfors. Der erste Teil erinnert an die finnische Hauptstadt Helsinki. Der zweite Teil ist nahezu identisch mit der bekannten amerikanischen Automarke Ford. Und die beiden sind durch ein »g«, den siebenten Buchstaben im Alphabet, miteinander verbunden. Ganz einfach. Helsin(ki)-g-for(d)-s Nummer 5.

Schon war ein Taxi zur Stelle. Ich warf dem Fahrer ein gleichgültiges »Helsingforsstraße 5« hin.

»Helsingforsstraße 5«, wiederholte er und gab Gas.

Ich lehnte mich in die Kissen zurück und sinnierte, wie seltsam es doch war, dass ein Mann meines geistigen Kalibers, der sich noch an die entlegensten Antworten längst vergangener Mittelschulprüfungen erinnert, zum Beispiel: »Die Hauptstadt von Dazien heißt Sarmisegetuza« – dass ein solcher Mann, der fast schon ein Elektronenhirn sein Eigen nennt, einen so kindisch einfachen Straßennamen vergessen konnte wie … wie …

»Entschuldigen Sie.« Der Fahrer wandte sich zu mir um. »Wie heißt die Straße?«

Graue Schleier senkten sich über meine Augen. Alles, was mir einfiel, war »Sarmisegetuza«, aber so hieß

138

sie bestimmt nicht. Ich tat das Nächstliegende und verfluchte den Fahrer. Er schwor, dass er den Namen an der Ecke der Fischmannstraße noch gewusst hatte.

»Na schön.« Ich fand die Ruhe wieder, die meiner intellektuellen Überlegenheit angemessen war. »Wir wollen versuchen, den Namen zu rekonstruieren. Gehen wir systematisch vor. An was erinnern Sie sich?«

»An nichts«, lautete die unverschämte Antwort. »Höchstens an die Hausnummer 173.«

»Konzentrieren Sie sich, Mann! Denken Sie nach!«

»Seeligbergstraße … Salmonowskistraße … irgend so was.« Plötzlich fiel mir die Mnemotechnik ein. Ich war gerettet. Die Hauptstadt von Norwegen heißt Oslo – in der Mitte kommt ein »g« – und dann der erste Teil dieser berühmten englischen Automarke.

»Oslogrollsstraße, Sie Vollkretin«, sagte ich mit schneidendem Hohn.

Der Fahrer nickte dankbar, machte eine scharfe Kehrtwendung und sauste nach Süden. An der nächsten Ecke blieb er stehen.

»Tut mir leid. Eine solche Straße gibt es nicht.«

Offen gesagt, auch ich hatte nicht recht daran geglaubt, dass es sie gäbe. Aber der prompte Start des Fahrers hatte mich wieder unsicher gemacht. Jetzt wusste ich sogar, wo mein Irrtum steckte: es war kein »g« in der Mitte. Oslorolls … Osloroyce …

»Was jetzt?«, fragte der Fahrer. Tatsächlich, er fragte: »Was jetzt?«

In stummer Verachtung schleuderte ich ihm eine Pfundnote ins Gesicht, sprang aus dem Wagen, eilte federnden Schrittes auf die nächste Telefonzelle zu und rief bei Sulzbaum an.

»Ich bin sofort bei Ihnen«, beschwichtigte ich ihn, »aber es ist etwas geradezu Unglaubliches geschehen. Ich …«

»Helsingfors!«, brüllte Sulzbaum, dass die Wände der Telefonzelle zitterten. »Helsingfors!! Und Sie brauchen überhaupt nicht mehr zu kommen!!«

Peng. Er hatte aufgehängt.

Na wennschon! Kann mir nur recht sein. Schließlich bin ich nur ein einfacher Familienvater mit einigen Dutzenden todmüder grauer Zellen und kein Schachcomputer.

Ich verließ die Telefonzelle. Sie befand sich unterhalb einer Straßentafel. Sie lag in der Helsingforsstraße.

Über den Umgang mit Computern

Bisher hat es mich noch nie gestört, dass ich zufällig den gleichen Namen trage wie ein Nebenfluss des Jordan. Aber vor einiger Zeit erhielt ich eine Nachricht von der Steuerbehörde, auf offiziellem Papier und in sonderbar wackeliger Maschinenschrift.

»Letzte Mahnung vor Beschlagnahme. Da Sie auf unsere Mitteilung betreffend Ihre Schuld im Betrag von Isr. Pfund 20 012,11 für die im Juli vorigen Jahres durchgeführten Reparaturarbeiten im Hafen des Kishon-Flusses bis heute nicht reagiert haben, ma-

chen wir Sie darauf aufmerksam, dass im Nichtein-
bringungsfall der oben genannten Summe innerhalb
von sieben Tagen nach dieser letzten Mahnung die gesetzlichen Vorschriften betreffend Beschlagnahme
und Verkauf Ihres beweglichen Eigentums in Anwendung gebracht werden. Sollten Sie Ihre Schuld inzwischen beglichen haben, dann betrachten Sie diese
Mitteilung als gegenstandslos.

(gez.) S. Seligson, Abteilungsleiter.«

Trotz des tröstlichen Vorbehalts im letzten Absatz
verfiel ich in Panik. Einerseits bewies eine sorgfältige
Prüfung meiner sämtlichen Bücher und Belege un-
zweifelhaft, dass keine wie immer gearteten Reparaturen an mir vorgenommen worden waren, andererseits
fand ich nicht den geringsten Anhaltspunkt, dass ich
der erwähnten Zahlungsverpflichtung nachgekom-
men wäre.

Da ich seit jeher dafür bin, lokale Konflikte durch
direkte Verhandlungen zu bereinigen, begab ich mich
zur Steuerbehörde, um mit Herrn Seligson zu sprechen.

»Wie Sie sehen«, sagte ich und zeigte ihm meinen Personalausweis, »bin ich Schriftsteller und kein
Fluss.«

Der Abteilungsleiter fasste mich scharf ins Auge.

»Wieso heißen Sie dann Kishon?«

»Aus Gewohnheit. Außerdem heiße ich auch noch
Ephraim. Der Fluss nicht.«

Das überzeugte ihn. Er entschuldigte sich und ging
ins Nebenzimmer, wo er den peinlichen Vorfall mit

seinem Stab zu diskutieren begann, leider nur flüsternd, sodass ich nichts hören konnte. Nach einer Weile forderte er mich auf, in die offene Tür zu treten und mich mit erhobenen Händen zweimal im Kreis zu drehen. Nach einer weiteren Weile war die Abteilung offenbar überzeugt, dass ich im Recht sei oder zumindest im Recht sein könnte. Der Abteilungsleiter kehrte an seinen Schreibtisch zurück, erklärte die Mahnung für hinfällig und schrieb mit Bleistift auf die Akte: »Hat keinen Hafen. Seligson.« Dann machte er auf den Aktendeckel eine große Null und strich sie mit zwei diagonalen Linien durch.

Erleichtert kehrte ich in den Schoß meiner Familie zurück.

»Es war ein Irrtum. Die Logik hat gesiegt.«

»Siehst du!«, antwortete die beste Ehefrau von allen. »Man darf nie den Mut verlieren.«

Am Mittwoch traf die »Benachrichtigung über die Konfiskation beweglichen Gutes« bei mir ein.

»Da Sie unsere ›letzte Mahnung vor Beschlagnahme‹ unbeachtet gelassen haben«, schrieb Seligson, »und da Ihre Steuerschuld von Isr. Pfund 20 012,11 bis heute nicht beglichen ist, sehen wir uns gezwungen, die gesetzlichen Vorschriften betreffend Beschlagnahme und Verkauf Ihres beweglichen Eigentums in Anwendung zu bringen. Sollten Sie Ihre Schuld inzwischen beglichen haben, dann betrachten Sie diese Mitteilung als gegenstandslos.«

Ich eilte zu Seligson.

»Schon gut, schon gut«, beruhigte er mich. »Es ist

nicht meine Schuld. Für Mitteilungen dieser Art ist der Computer in Jerusalem verantwortlich, und solche Missgriffe passieren ihm immer wieder. Kümmern Sie sich nicht darum.«

Soviel ich feststellen konnte, war die zuständige Stelle in Jerusalem vor ungefähr einem halben Jahr automatisiert worden, um mit der technischen Entwicklung Schritt zu halten. Seither besorgte der Computer die Arbeit von Tausenden traurigen Exbeamten. Er hat nur einen einzigen Fehler, nämlich den, dass die Techniker in Jerusalem mit seiner Arbeitsweise noch nicht so recht vertraut sind und ihn gelegentlich mit falschen Daten füttern. Die Folge sind gewisse Verdauungsstörungen, wie eben im Fall der an mir vorgenommenen Hafenreparatur.

Seligson versprach, das Missverständnis ein für allemal aus der Welt zu schaffen. Sicherheitshalber schickte er noch in meiner Gegenwart ein Fernschreiben nach Jerusalem, dass man die Sache bis auf Weiteres ruhen lassen sollte, auf seine Verantwortung.

Ich dankte ihm für diese noble Geste und begab mich in vorzüglicher Laune nach Hause.

Am Montagvormittag wurde unser Kühlschrank abgeholt. Drei stämmige Staatsmöbelpacker wiesen einen von S. Seligson unterzeichneten Pfändungsauftrag vor, packten den in unserem Klima unentbehrlichen Nutzgegenstand mit geübten Pranken und trugen ihn hinaus. Ich umflatterte sie wie ein aufgescheuchter Truthahn.

»Bin ich ein Fluss?«, krähte ich. »Habe ich einen

143

Hafen? Warum behandeln Sie mich als Fluss? Kann ein Fluss reden? Kann ein Fluss hüpfen?«

Die drei Muskelprotze ließen sich nicht stören. Sie besaßen einen amtlichen Auftrag, und den führten sie durch.

Auf dem Steueramt fand ich einen völlig niedergeschlagenen Seligson. Er hatte soeben aus Jerusalem eine erste Mahnung betreffend seine Steuerschuld von Isr. Pfund 20 012,11 für meine Reparaturen erhalten.

»Der Computer«, erklärte er mir mit gebrochener Stimme, »hat offenbar die Worte ›auf meine Verantwortung‹ falsch analysiert. Sie haben mich in eine sehr unangenehme Situation gebracht, Herr Kishon. Das muss ich schon sagen!«

Ich empfahl ihm, die Mitteilung als gegenstandslos zu betrachten – aber da wurde Seligson beinahe hysterisch.

»Wen der Computer einmal in den Klauen hat, den lässt er nicht mehr los!«, rief er und raufte sich das Haar. »Vor zwei Monaten hat der Protokollführer des parlamentarischen Exekutivausschusses vom Computer den Auftrag bekommen, seinen Stellvertreter zu exekutieren. Nur durch die persönliche Intervention des Justizministers wurde der Mann im letzten Augenblick gerettet. Man kann nicht genug aufpassen ...«

Ich beantragte, ein Taxi zu rufen und nach Jerusalem zu fahren, um uns mit dem Computer auszusprechen, gewissermaßen von Mann zu Mann. Seligson winkte ab.

»Er lässt nicht mit sich reden. Er ist viel zu beschäftigt. Neuerdings wird er sogar für die Wettervorhersage eingesetzt. Und für Traumanalysen.«

Durch flehentliche Bitten brachte ich Seligson immerhin so weit, dass er den Magazinverwalter in Jaffa anwies, meinen Kühlschrank bis auf Weiteres nicht zu verkaufen.

Einer am Wochenende eingetroffenen »Zwischenbilanz betr. Steuerschuldenabdeckung« entnahm ich, dass mein Kühlschrank bei einer öffentlichen Versteigerung zum Preis von Isr. Pfund 19,00 abgegangen war und dass meine Schuld sich nur noch auf Isr. Pfund 19 993,11 belief, die ich innerhalb von sieben Tagen zu bezahlen hatte. Sollte ich in der Zwischenzeit …

Diesmal musste ich in Seligsons Büro eine volle Stunde warten, ehe er keuchend ankam. Er war den ganzen Tag mit seinem Anwalt kreuz und quer durch Tel Aviv gesaust, hatte seinen Kühlschrank auf den Namen seiner Frau überschreiben lassen und schwor mir zu, dass er nie wieder für irgendjemanden intervenieren würde, am allerwenigsten für einen Fluss.

»Und was soll aus mir werden?«, fragte ich.

»Keine Ahnung«, antwortete Seligson wahrheitsgemäß. »Manchmal kommt es vor, dass der Computer eines seiner Opfer vergisst. Allerdings sehr selten.«

Ich erwiderte, dass ich an Wunder nicht glaubte und die ganze Angelegenheit sofort und endgültig zu regeln wünschte.

Nach kurzem, stürmischem Gedankenaustausch vereinbaren wir, dass ich die Kosten der in meinem

Hafen durchgeführten Reparaturen in zwölf Monatsraten abzahlen würde. Mit meiner und Seligsons Unterschrift versehen, ging das Dokument sofort nach Jerusalem, um von meinem beweglichen Gut zu retten, was noch zu retten war.

»Mehr kann ich wirklich nicht für Sie tun«, entschuldigte sich Seligson. »Vielleicht wird der Computer mit den Jahren vernünftiger.«

»Hoffen wir's«, sagte ich.

Gestern erreichte mich der erste Scheck in Höhe von Isr. Pfund 1666,05, ausgestellt vom Finanzministerium und begleitet von einer Mitteilung Seligsons, dass es sich um die erste Monatsrate der insgesamt Isr. Pfund 19 993,11 handelte, die mir von der Steuerbehörde gutgeschrieben worden waren.

Meine frohe Botschaft, dass wir fortan keine Existenzsorgen haben würden, beantwortete die beste Ehefrau von allen mit der ärgerlichen Bemerkung, es sei eine Schande, dass man uns um die Zinsen betrüge, anderswo bekäme man sechs Prozent.

Die Zukunft gehört dem Computer. Sollten Sie das schon gemerkt haben, dann betrachten Sie diese Mitteilung als gegenstandslos.

Armut bereichert

»Herr Salach Schabati?«

»Der bin ich. Treten Sie ein, Herr, und nehmen Sie Platz. Ja, dort in der Ecke. Auf der zerbrochenen Kiste.«

»Vielen Dank.«

»Wenn Ihnen die Kinder im Weg sind, kann ich sie erwürgen.«

»Das wird nicht nötig sein.«

»Gut, dann sperre ich sie ins Badezimmer. Marsch hinein. So. Schreiben Sie für eine Tageszeitung oder für eine Zeitschrift?«

»Für eine Tageszeitung.«

»Wochenendbeilage?«

»Ja, Herr Schabati. Ich habe Ihr Inserat in unserem Blatt gelesen: ›Slum-Fam. m. 13 Kind. zur Verfüg. d. Massenmedien.‹ Haben Sie jetzt Zeit für mich?«

»Eine Stunde fünfzehn Minuten. Heute Vormittag hatte ich ein Rundfunkinterview, und nach Ihnen kommt ein Fernsehteam, aber jetzt können wir sprechen.«

»Danke, Herr Schabati. Meine erste Frage …«

»Nicht so schnell, nicht so schnell. Was zahlen Sie?«

»Wie bitte?«

»Ich will wissen, wie hoch mein Honorar ist. Oder glauben Sie, dass ich zum Vergnügen in dieser Bruchbude sitze oder dass ich mit meiner Familie von der staatlichen Unterstützung leben kann? Von 750 Pfund im Monat?«

»Das hatte ich nicht bedacht.«

»Aber ich. Die katastrophale Situation der orientalischen Einwanderer hat heute einen ziemlich hohen Marktwert. Daran müssen doch auch diejenigen partizipieren, denen man diese Situation verdankt. Nehmen wir an, Sie schreiben eine schöne Geschichte mit viel Armeleute-Geruch, Mangel an Hygiene und so – das erregt Aufsehen, das ist gut für den Verkauf Ihrer Zeitung und gut für Ihr Honorar. Außerdem verschafft es Ihnen den Ruf eines gesellschaftskritisch engagierten Journalisten. Ich werde Ihnen in jeder Weise behilflich sein, Herr. Sie bekommen von mir eine herzerweichende Schilderung meines Jammers, meiner Enttäuschung, meiner Bitterkeit, meiner ...«

»Wie viel verlangen Sie?«

»Mein üblicher Tarif ist 300 Pfund die Stunde zuzüglich Mehrwertsteuer. Mit Fotos 30 Prozent mehr. Barzahlung. Keine Schecks. Keine Quittung.«

»300 Pfund für eine Stunde?!«

»Davon muss ich ja noch meinen Manager bezahlen. Das ist der Tarif, Herr. Im Jemenitenviertel finden Sie vielleicht schon für 150 Pfund Verzweiflung – aber wie sieht die aus. Höchstens elf Kinder, alle gut genährt und eine Wohlfahrtsrente von 1030 Pfund monatlich. Bei mir haben Sie eine neunzehnköpfige Familie auf einem Wohnraum von 55 Quadratmetern. Mit drei Großmüttern.«

»Wo ist Ihre Frau?«

»Wird auf dem Dach fotografiert. Hängt gerade

Wäsche an unserer Fernsehantenne auf. Schwanger ist sie auch.«

»Da müssten Sie ja eine Zulage zur staatlichen Unterstützung beziehen.«

»Ich habe auf beides verzichtet. Mein Wert auf dem Elendsmarkt könnte darunter leiden. Interviews sind einträglicher. Demnächst übersiedeln wir in eine noch kleinere, baufällige Hütte. Wahrscheinlich nehme ich auch eine Ziege mit hinein. Wo bleibt Ihr Kameramann?«

»Er wird gleich kommen.«

»Was die Aufmachung betrifft: Ich möchte ein Layout von zwei Seiten nebeneinander. Titel über beide Seiten.«

»Machen Sie sich keine Sorgen, Herr Schabati. Wir werden alle Ihre Forderungen berücksichtigen.«

»Gut. Jetzt können Sie anfangen, Herr.«

»Meine erste Frage: Fühlen Sie sich in unserem Land schlecht behandelt, Herr Schabati?«

»Warum sollte ich? Ich bin meinen Landsleuten aufrichtig dankbar. Sie haben ein goldenes Herz. Gewiss, sie machen keine besonderen Anstrengungen zur Bekämpfung der Armut, und niemand kümmert sich um die Slums in seiner eigenen Stadt. Andererseits aber bekundet die Öffentlichkeit lebhafte Anteilnahme und ist immer sehr gerührt, wenn im Fernsehen eine Dokumentation unseres Elends gezeigt wird. Man muss nur hören, wie sich dann alle diese Professoren aufregen. Und der Bedarf der Massenmedien an Elendsgeschichten ist noch immer im Wachsen begriffen, sodass wir Unterprivilegierten eine ständige Besserung unseres Lebensstandards zu verzeichnen haben. Man kann ruhig sagen: Es ist das erste Mal in der Geschichte der Menschheit, dass soziale Probleme durch Interviews gelöst werden.«

Anleitungen
zum persönlichen Wohlstand

VORBEREITUNGEN

Ein solider Bankrott lässt sich natürlich nicht aus dem Ärmel schütteln. Er erfordert sorgfältige Vorbereitung und höchste Glaubhaftigkeit.

Der erste Schritt besteht in der Gründung einer Firma mit einem eindrucksvollen, möglichst fremdländisch klingenden Namen. Es ist gleichgültig, ob die Firma sich mit Import oder Export, Zeitungsartikeln oder Textilwaren beschäftigt, Hauptsache, dass sie es mit beschränkter Haftung tut, im Folgenden »mbH« abgekürzt. »Haftung« bedeutet, dass jemand haftet, »beschränkt« weist darauf hin, dass man selber nicht dieser Jemand ist. Man selber kann die Firma zu dem vorbestimmten Bankrott führen. Das geschieht, indem man Verträge abschließt, Anzahlungen kassiert, Waren bestellt, Lieferungen verzögert, Kredite aufnimmt und dergleichen mehr. Für diese unermüdliche Tätigkeit bezieht man ein hohes Gehalt, setzt sich ein reichliches Spesenkonto aus und unternimmt Geschäftsreisen an die Riviera. Die beste Ehefrau von allen wird mit dem Posten eines Vizebankrott-direktors betraut und erwirbt das Firmenauto gegen eine Anzahlung von 2,40 Pfund in langfristigen Raten.

Allerdings muss man mit dem Misstrauen der Geschäftspartner rechnen. Bevor sie Kredite gewähren, wollen sie wissen, ob die mbH Geld auf der Bank hat.

Sie hat. Wieso hat sie? Ganz einfach. Man borgt der mbH aus seiner eigenen Tasche einen bestimmten Betrag und legt ihn auf die Bank, sodass ihn jeder sehen kann.

Und dann macht man Bankrott.

Der Bankrott ist unvermeidlich. Durch leichtfertiges Steuer- und Finanzgebaren gerät die mbH immer tiefer in die roten Zahlen, bis eines Tages ihre Gläubiger zusammentreffen, sich an einen langen Tisch setzen und mit den geplatzten Wechseln der Firma Patiencen legen. Es folgen sechs schwierige Monate voll von Drohungen, wütenden Telefonanrufen, eingeschlagenen Fensterscheiben und letzten Warnungen nervöser Rechtsanwälte.

Diese Fristen muss man geduldig übersehen.

DER WENDEPUNKT

Kurz bevor der Wendepunkt eintritt, begibt man sich zur Bank, hebt das Darlehen ab, das man der mbH gewährt hat und steckt es in die eigene Tasche zurück.

Sodann bittet man die Gläubiger zu einer Generalversammlung ins Philharmonische Auditorium und hält folgende Ansprache:

»Meine Freunde, ich bin bankrott. Ich habe hart gekämpft, ich habe alle erdenklichen Opfer gebracht, ich habe getan, was ich konnte – es war vergebens. Die mörderische Steuerwirtschaft unserer erbärmlichen Regierung hat mich zugrunde gerichtet. In diesem Land ist es einfach unmöglich, sich eine Existenz aufzubauen. Meine Firma hat keinen Groschen an Vermögen. Sie hat nichts als Schulden. Das ist die traurige Wahrheit. Jetzt, da ich sie Ihnen eingestanden habe, fühle ich mich besser. Ich danke Ihnen für Ihre Aufmerksamkeit.«

Die Gläubiger starren glasigen Auges vor sich hin. Sie wissen, dass sie nichts machen können. Das Geld, um das sie bangen, ist ja nicht im Besitz einer Person, sondern einer mbH, und die hat keines. Was soll man auch von drei Buchstaben anderes erwarten.

Im Auditorium herrscht die lähmende Stille hoffnungsloser Verzweiflung.

»Es besteht jedoch«, so lässt man sich in diese Stille hinein vernehmen, »es besteht, meine Freunde, vielleicht die Chance eines Auswegs. Wenn Sie mich weiterarbeiten lassen, wenn Sie mir eine kleine Atempause gewähren, sagen wir von einem Monat oder von zwei Jahren, dann könnte sich, wer weiß, vielleicht eine Möglichkeit ergeben, dass ich die Schulden meiner Firma auf Heller und Pfennig zurückzahle.«

Im Gemurmel und Geraune, das daraufhin um sich

greift, erhebt sich einer der Hauptgläubiger, sagt: »Entschuldigen Sie uns, bitte« und sucht mit einigen anderen das Restaurant an der Ecke auf, wo über die weiteren Schritte beraten wird. Allen ist klar, dass keine Wahl bleibt. Wenn sie die mbH den offiziellen Bankrott erklären lassen, sehen sie nie wieder einen Pfennig. Denn was immer die mbH an Aktivposten besitzt, wird von den amtlichen Stellen zur Kostendeckung der Bankrottprozedur geschluckt, indessen der Bankrotteur, der sein Privatvermögen rechtzeitig in Sicherheit gebracht hat, sich frei wie ein Vogel auf neue Abenteuer begibt. Überdies macht es sich nicht gut, in die Geschäftsbücher einzutragen: »Eine Investition in Höhe von … hat sich in Luft aufgelöst.« Und bei einer Bücherkontrolle gibt niemand gerne die Auskunft: »Nun ja, leider, diese Summe mussten wir abschreiben.« Kurzum – was gibt es hier zu verlieren? Solange die Schuld nicht abgeschrieben ist, besteht noch ein Hoffnungsschimmer.

Infolgedessen lautet die Entscheidung der in die Halle zurückgekehrten Gläubiger: »Also gut, machen Sie weiter.«

Da aber kriecht man mit purpurrotem Gesicht unter dem Tisch hervor und brüllt: »Weitermachen? Möchten Sie mir vielleicht sagen, wie? Sie verlangen von mir, dass ich ohne jedes Betriebskapital die Leitung einer ruinierten Firma übernehmen soll? Lächerlich. Einfach lächerlich.«

Eine sofort veranstaltete Geldsammlung erbringt 4000 Pfund in bar und 33 600 Pfund in Wechseln.

Es ist das Schicksal des ewigen Gläubigers, seinem Geld bis zum letzten Atemzug nachzujagen. Dem neuen Leiter der mbH werden also neue Kredite gewährt, mit der Auflage, dass wir unter keinen Umständen Bankrott anmelden und unseren Pflichten gegenüber der mbH nachkommen. Die Gläubiger behandeln uns wie ein rohes Ei und verwöhnen uns in jeder Hinsicht. Es ist kaum zu fassen, was man aus einem gut dressierten Gläubiger herausholen kann, den Berichten zufolge soll Menasche Sulzbaum, der König der Bankrotteure, eine Versammlung seiner Gläubiger dazu gebracht haben, im Chor für ihn zu beten, ehe er sich gnädig zur Fortsetzung seiner Tätigkeit als Firmenmanager bereit erklärte. »Lieber Gott«, betete die Versammlung, »bitte mach, dass Menasche Sulzbaum gesund bleibt. Amen.«

Ängstliche Gemüter lassen den jeweiligen Schuldner regelmäßig und auf ihre Kosten ärztlich untersuchen, achten darauf, dass er ein geregeltes Geschlechtsleben führt, versorgen ihn mit Taschengeld, Theaterabonnements und Massagen – nur damit er bei guter Laune und in guter Verfassung bleibt. In einigen Fällen hat der Hauptgläubiger, damit nichts schiefgeht, seine Tochter mit dem Bankrotteur verheiratet oder hat ihn als Universalerben eingesetzt.

Kein Zweifel, der Bankrott ist der sicherste Weg zum Erfolg, zur Beliebtheit, zur bequemsten Form von Dolce vita. Natürlich muss man die Gläubiger bei der Stange halten und beim geringsten Nachlassen ihrer Disziplin scharf einschreiten: »Wenn ich's recht bedenke, brauche ich das alles nicht. Ich mache Bankrott und habe meine heilige Ruhe!«

Das bewirkt eine sofortige Steigerung der Fürsorge und Ehrerbietung, denn der Bankrotteur ist in der stärkeren Position.

DIE GEFAHR

Es kommt jedoch auch vor, dass der Bankrotteur die Kontrolle über sein Lebenswerk verliert und unter dem Einfluss von Alkohol oder in einem Anfall von Geistesgestörtheit die Schulden seiner Firma zu decken beginnt. Solange diese Zahlungen einen Betrag von 200 Pfund im Jahr nicht überschreiten, schadet das nicht, im Gegenteil, es erhöht die Spannung. Erst wenn die Sinnesverwirrung des Bankrotteurs so weit geht, dass er die ganze Schuldsumme bezahlt, ist er verloren. Der Zorn eines Gläubigers, dem sein Geld zurückgezahlt wird, kennt keine Grenzen. Er ist um seinen Lebensinhalt gebracht, und es soll schon vorgekommen sein, dass der redliche Zahler zum Dank verprügelt wurde. Im Übrigen droht ihm das Schicksal jedes ehrlichen Menschen: Er wird verhöhnt, betrogen und missbraucht.

Es möge deshalb jeder halbwegs Vernünftige dafür sorgen, bis ans Ende seiner Tage unter einer möglichst hohen Schuldenlast zu stehen. Dann, und nur dann, ist ihm ein sorgenfreies Leben sicher.

Nun wird sich mancher Leser fragen: Wenn das alles so ist – warum machen dann nicht alle Menschen Bankrott?

Die Antwortet lautet, sie machen.

Wie schon so oft stellt sich auch hier die Frage, warum die Behörden tatenlos zusehen, wie ein gewiefter Geschäftsmann zunächst die Kasse der GmbH und sein eigenes Bankkonto leert, die Beute auf dem Dachboden versteckt und sich anschließend gutgelaunt und frohen Mutes in seinem italienischen Fauteuil ausruht?

Nein, so ist es ganz und gar nicht. Gottes Mühlen mahlen zwar gelegentlich langsam, aber gerade jetzt, beim Verfassen dieser Zeilen, wird diesen fiktiven Bankrotteuren und anderen Hinterziehern das Handwerk gelegt. Der Finanzminister hat neue Steuerformulare ausgeklügelt, die die Betrügerei ein für allemal beenden. Der Minister verwendet einen kleinen, jedoch bedeutungsvollen Trick, den raffinierten § 11 D/3 ff des neuen Formulars, der fragt: »Ihre Vermögenslage und die Ihrer Gattin/Ihres Gatten und/oder Ihrer Kinder in Bargeld/auf Bankkontos/in Immobilien?«

Ein schlauer Leser weiß natürlich sofort, wo der Hase im Pfeffer liegt.

Beim Bargeld.

Bisher war es nämlich nicht unmöglich, dass ein gewissenloser Steuerzahler ein bestimmtes Einkommen nicht beim Finanzamt gemeldet hat, sondern es zu

Hause in einem schwarzen Strumpf versteckte. Dann lachte er sich ins Fäustchen, zeigte dem Fiskus den Vogel und malte auf die Wand des Tiergartens eine Karikatur des Finanzministers im Halbprofil. Aber, wie gesagt, die Saison der schwarzen Strümpfe ist vorbei. § 11 D/3 ff ist da.

Von nun an ist der Steuerzahler verpflichtet, detaillierte Auskünfte über sein, seiner Gattin/Gatten und/oder seiner Kinder im Strumpf verstecktes Bargeld zu erteilen und unverzüglich im Sinne von § 11 D/3 ff mit der vollen gesetzlichen Steuer herauszurücken.

Das aber ist bestimmt erst der Anfang. Ich bin überzeugt, dass das nächste schlaue Formular schon unterwegs ist mit der bärenstarken Fangfrage: »Welche Summe hinterziehe ich, meine Gattin/Gatte und/oder meine Kinder?«

Und wer glaubt, dass dies bloß ein Witz ist, weiß nicht, wie ausgekocht die Burschen sind.

Die Sekretärin oder das Ende vom Lied

Das dankbarste Objekt für den mehr oder weniger begründeten Verdacht der besten Ehefrauen ist seit Menschengedenken eine blondgelockte Sekretärin in hochhackigen schwarzen Schuhen.

Viele Jahre lang habe ich zu diesem Thema geschwiegen. Jetzt wird es Zeit, dass ich spreche.

Ich habe nichts gegen den Beruf der Sekretärin,

nichts gegen ihre Person, nichts gegen ihre Gewerkschaft. Im Gegenteil, ich schätze die Hilfe, die uns Schriftstellern seitens blondgelockter Sekretärinnen zuteil wird, ganz außerordentlich hoch. Meine einzige Beschwerde ist rein seelischer Art.

Da sitzt man also zu Hause und schreibt eine sehr lustige Geschichte über die Abwertung des israelischen Pfunds. Drei Tage und zwei Nächte lang arbeitet man an diesem kleinen, aber gehaltvollen Werk, auf dass es ein Meisterwerk werde. Man feilt an Formulierungen, man kürzt, man streicht, man fügt etwas ein, man wägt und verwirft, man ruht nicht eher, als bis man so nahe wie möglich an ein perfektes Ergebnis herangekommen ist. Dann geht man mit dem vor lauter Korrekturen fast unleserlich gewordenen Manuskript in die Redaktion, breitet die handgeschriebenen Blätter vor sich aus, ruft die Chefsekretärin Lilly und beginnt ihr zu diktieren, wobei man sich eines glückseligen Glucksens über seine eigenen Einfälle kaum enthalten kann.

»Abwertung …«, beginnt man.

»Was?«, sagt Lilly. »Schon wieder?«

Und damit ist es aus. Es ist zu Ende, bevor es noch richtig angefangen hat. Mit dieser einen kleinen Unterbrechung hat die blondgelockte Lilly in den hochhackigen schwarzen Schuhen in das delikate Räderwerk meiner Geschichte ruinösen Sand gestreut. Das geniale Gebäude, das ich in unermüdlicher Arbeit, in drei aufreibenden Tagen und zwei aufreibenden Nächten errichtet habe, liegt in Trümmern. »Schon

158

wieder?«, hat Lilly gefragt – und hat mir damit klargemacht, dass das Thema meiner Geschichte unbrauchbar ist, dass sich kein Mensch dafür interessiert, über Abwertung ist schon viel zu viel geschrieben worden, davon will niemand mehr etwas wissen, es langweilt die Leute, es taugt nichts.

Schon wieder.

Ich bin sicher, dass Lilly das nicht etwa deshalb gesagt hat, weil sie mich umbringen will. Sie lässt nur außer Acht, dass sie der erste Mensch ist, der meine Geschichte kennenlernt, dass sie eine ähnlich schwere und ehrenvolle Verantwortung trägt wie im Theater das Publikum einer Uraufführung. Von alledem weiß sie nichts. Sie will um fünf Uhr nach Hause gehen und will rechtzeitig mit dem Diktat fertig werden.

Ich gebe mich unbefangen und diktiere weiter, mit lockerer, lustiger Stimme, wie es sich für einen professionellen Clown geziemt. Aber mein Herz blutet. Ich glaube nicht länger an meine Geschichte über die Abwertung. Lilly hat mich mit ihrem »Schon wieder?« um mein Selbstvertrauen gebracht.

Insgeheim hoffe ich, sie durch eine Pointe versöhnen zu können. Vielleicht wird sie lachen oder wenigstens lächeln, wenn ich zu der Stelle über die Steuererhöhung komme, die ja wirklich komisch ist …

Ich diktiere die Stelle über die Steuererhöhung und sehe Lilly von der Seite an, unauffällig, aus schwierigem Winkel.

Lilly lacht nicht und lächelt nicht. Sie sitzt mit steinernem Gesicht an ihrer Maschine, glotzt vor sich hin und beginnt mit den Fingern halblaut auf das Tischchen zu trommeln, weil ihr die Pause schon zu lange dauert, um fünf Uhr machen wir Schluss, bitte weiter ...

Ich stehe auf, trete hinter sie und beuge mich über das eingespannte Papier.

»Wenn es nach dem Finanzminister ginge, müssten wir sogar unsere Rummy-Gewinne verteuern«, lese ich.

»Wieso verteuern, Lilly? Das hat ja keinen Sinn.«

»Nicht? Wieso nicht?«

»Es heißt versteuern.«

»Warum haben Sie das nicht gesagt?«

Lilly schreibt hin, was sie hört oder zu hören glaubt. Ob es etwas bedeutet, spielt keine Rolle. Ihre Tätigkeit ist rein phonetischer Natur. Sie würde auch den größten Unsinn hinschreiben, ohne mit einer einzigen ihrer künstlichen Wimpern zu zucken.

Vor meinem geistigen Auge erscheint eine balkendicke Zeitungsüberschrift: SEKRETÄRIN WÄHREND DES DIKTATS ERMORDET, lautet der Haupttitel. Darunter: »HAT MIR NICHT ZUGEHÖRT! WIMMERT HYSTERISCHER SCHRIFTSTELLER – SCHON SEIN DRITTES OPFER IN DIESEM JAHR.«

Ich vergaß darauf hinzuweisen, dass wir in unserer Redaktion drei Sekretärinnen haben. Lilly ist die schrecklichste von allen. Bathscheba geht so. Esther ist ein Schatz. Mit Esther zu arbeiten ist die reine Wonne. Sie nimmt Anteil an jeder Geschichte, lebendigen Anteil, ermunternden Anteil.

Ich stelle mir vor, wie es gewesen wäre, wenn ich

ihr, Esther, die Geschichte von der Abwertung diktiert hätte.

»Abwertung …«, beginne ich.

»Abwertung!«, jauchzt Esther vergnügt, und nochmals: »Abwertung!« Sie klatscht in die Hände, sie lacht mit blinkenden Zähnen. »Wo Sie nur immer diese köstlichen Ideen hernehmen! Abwertung!«

Ich liebe Esther. Nach jedem Diktat steht sie auf, ihr Antlitz strahlt, ihre Stimme vibriert vor Entzücken: »Herrlich! Einmalig! Das soll Ihnen jemand nachmachen!«

Esthers Instinkt ist einfach bewundernswert. Man braucht nur ein wenig die Stimme zu erheben, ein kleines Lächeln um die Mundwinkel spielen zu lassen oder sie mit dem Ellbogen ganz leicht in die Rippen zu stupsen – Esther versteht sofort und bricht in schallendes Gelächter aus. Ein routinierter Schriftsteller könnte, wenn's ihm darauf ankommt, pro Manuskript ein Dutzend Lachstürme, mindestens fünf verzückte Seufzer und zum Abschluss zehn jubelnde Superlative aus Esther herausbekommen. Mit Esther zu arbeiten, ist keine Arbeit, sondern eine Siegesparade.

Leider hat sie nie Zeit. Der Chefredakteur und sämtliche Ressortleiter reißen sich um sie. Die Warteliste wird gleich am Morgen zusammengestellt und ist unübersehbar lang.

Beschwere ich mich einmal, dass Esther immer besetzt ist, bekomme ich den heuchlerischen Rat: »Warum nehmen Sie nicht Bathscheba? Die ist doch auch sehr gut.«

Gewiss, Bathscheba ist nicht schlecht, sie reagiert zufriedenstellend, und wenn sie einen guten Tag hat, lacht sie gelegentlich. Einmal, auf dem Höhepunkt einer meiner Geschichten, bekam sie sogar einen richtigen Lachkrampf. Sie konnte gar nicht aufhören. Ich hörte ihr geschmeichelt zu.

»Na, schon gut«, sagte ich nach einer Weile. »Was ist denn da gar so lustig?«

»Ihr Akzent!«, stöhnte Bathscheba und wischte sich die Tränen aus den Augen. »Dieser komische ungarische Akzent!«

Wie man sieht, lässt Bathschebas Intelligenz zu wünschen übrig. Vor einigen Tagen diktierte ich ihr eine scharfe Glosse gegen den Führer einer Studentenorganisation, der unseren Ministerpräsidenten in der unverschämtesten Weise attackiert hatte.

»Unseren Staatschef der Lüge zu bezichtigen, ist zweifellos eine Heldentat«, diktierte ich mit unüberhörbarem Sarkasmus in der Stimme.

Bathscheba tippte den Satz fertig und sah hingerissen zu mir auf: »Großartig! Höchste Zeit, dass jemand für diesen prachtvollen jungen Menschen eintritt.«

Ich erbleichte.

»Hören Sie«, sagte ich. »Das war ironisch gemeint. Wissen Sie nicht, was Ironie ist?«

»Doch. Natürlich. Ganz wie Sie wünschen.«

Und sie wartete mit gesenktem Kopf auf die Fortsetzung des Diktats.

Aber Bathscheba ist noch Gold im Vergleich zu Lilly, der ich soeben diese Geschichte diktiere. Es ist jetzt 20 Minuten vor 5, und Lilly nutzt bereits die kleinste Pause in meinem Diktat dazu aus, sich die Locken zu richten und an ihrer Bluse herumzuzupfen.

Gerade hat sie irgendeinen Kerl angerufen, um ihm mitzuteilen, dass sie ihn pünktlich 2 Minuten nach 5 treffen wird. Das ist das Einzige, woran sie denkt.

Ich frage mich, ob sie überhaupt merkt, dass diese Geschichte von ihr handelt.

Sie sitzt mit ausdruckslosem Gesicht an der Maschine und lässt nicht das geringste Anzeichen von Beteiligung erkennen.

Ich habe das Diktat beendet.

Lilly sitzt immer noch da, als warte sie auf eine Fortsetzung.

Stille.

»Aus?«, fragt Lilly.

»Ja.«

Lilly erhebt sich wortlos und macht sich vor dem Spiegel zurecht. Ich mache einen letzten Versuch.

»Na? Wie gefällt sie Ihnen?«

»Wer?«, fragt Lilly hinter ihrer Puderdose hervor.

»Die Geschichte.«

»Ja«, sagt Lilly, während sie den Deckel über die Maschine stülpt. »Schon ein wenig schwach, an manchen Stellen. Wir werden ein neues Farbband kaufen müssen.«

Dann eilt sie, ihre blonde Mähne schüttelnd, hochhackig davon.

Umwerfend.

Meine Stunde Null

Da man mir naturgemäß diese Frage öfter stellt, will ich mich bemühen, sie im Folgenden zu beantworten. Wie, so will man wissen, schreibt man eine lustige Geschichte? Genauer gesagt: Warum schreibt man sie? Die Antwort lautet: Weil man einen Vertrag hat. Der humoristische Schriftsteller bezieht von einem der sogenannten Massenmedien – Zeitungen, Rundfunk, Fernsehen – ein bestimmtes Gehalt und muss dafür wöchentlich einen erstklassigen humoristischen Beitrag liefern, spätestens Donnerstag um 9.30 Uhr. So weit ist alles klar.

Das Problem des Lieferanten besteht nun darin, dass er nicht weiß, worüber er schreiben soll. Er besitzt jedoch ein kleines gelbes Notizbuch, in das er mithilfe eines Kugelschreibers die brillanten Ideen einträgt, die ihm – oder einem seiner Bekannten – plötzlich eingefallen sind. Wenn der Zeitpunkt der Ablieferung herannaht, beginnt der Humorist fieberhaft in seinem Notizbuch zu blättern und findet nichts. Deshalb bezeichnet man diesen Zeitpunkt als »Stunde Null«.

Was den Humoristen besonders erbittert, sind jene eilig hingekritzelten Einfälle, die er nicht mehr versteht. Ich, zum Beispiel, stoße in meinem Ideenfriedhof immer wieder auf rätselhafte Notizen wie: »Plötzliche Geburt, ungültig« oder »Verzweifelt. Hohlkopf führt Hund Gassi. Schweißperlen«. Es ist mir längst entfallen, was diese geheimnisvollen Inschriften bedeuten. Ich habe keine Ahnung, warum und wozu ein Hohlkopf in längst vergangenen Tagen einen Hund spazieren geführt haben könnte.

Welch ein Beruf!

Nach dem Fiasko mit dem Notizbuch begebe ich mich auf die Jagd nach neuen, ergiebigen Einfällen. Die Jagd bleibt erfolglos. Mein Kopf ist leer. Er erinnert mich an den Hohlkopf. Was war's mit dem? Ich weiß es nicht. Ich denke vergebens nach.

Kommt noch hinzu, dass mich ein unüberwindliches Schlafbedürfnis befällt, sowie ich mich hinsetze, um eine lustige Geschichte zu schreiben. Vermutlich handelt es sich hier um einen psychosomatisch-literarischen Müdigkeitskomplex oder dergleichen. Es beginnt im Kopf und breitet sich mit Windeseile bis zu den Zehenspitzen aus. Ich habe schon mehrere prominente Psychiater konsultiert.

»Die Sache ist die«, so beichte ich ihnen, »dass ich nicht das geringste Bedürfnis verspüre, lustige Geschichten zu schreiben. Und zum Schluss schreibe ich sie trotzdem. Glauben Sie, dass ich krank bin?«

Die Psychiater sind sofort mit einer Erklärung zur Hand. Sie sagen, dass mir meine Mutter in meiner Kindheit einen Witz erzählt hat, den ich nicht verstanden habe, und daraus hat sich bei mir ein traumatischer Widerstand gegen jede Art von Humor entwickelt. Sagen sie. Aber auch das hilft mir nicht weiter.

Der Vorteil solcher Konsultationen besteht darin, dass man bequem auf einer Couch liegt und dass dank Sigmund Freud die Mütter an allem schuld sind.

Übrigens veranstalte ich auch die Jagd nach lustigen Themen mit Vorliebe liegend. Das Blut strömt in diesem Zustand leichter und besser ins Hirn, besonders wenn man die Füße ein wenig hebt und den Kopf ein wenig senkt. Man braucht dann nur noch auf die Einfälle zu warten, die mit dem Blut ins Hirn strömen, und binnen Kurzem schläft man ein.

Eine andere Lösung bietet der Schaukelstuhl. Man schaukelt sich halb blöd und hört zu denken auf. Sobald dieser Punkt erreicht ist, greife ich nach dem gelben Notizbuch und beginne zu blättern. Als Ergebnis verzeichne ich in den meisten Fällen zwei Drittel Golan-Höhen und ein Drittel Steuerreform.

Was war das für ein Hund? Und warum hat ihn der Hohlkopf verfolgt?

Ich begebe mich zur Hausapotheke und schlucke ein Aspirin. Dann öffne ich das Fenster, damit, wenn schon kein Blut ins Hirn, so doch etwas feuchte, heiße Luft ins Zimmer strömt. Dann spitze ich sorgfältig alle Bleistifte im Haus, wobei ich die Klinge des Bleistiftspitzers zweimal wechsle, um bessere Resultate zu erzielen. Während ich mir mit demonstrativer Langsamkeit die Nägel schneide, entdecke ich im Durcheinander auf meinem Schreibtisch eine kleine Schachtel. Ich öffne sie und zähle die darin befindlichen Büroklammern. Es sind 46. Ich esse ein Biskuit. Ich esse eine saure Gurke. Ich frage mich, was ich tun wollte. Richtig: Ich wollte eine lustige Geschichte schreiben. Aber worüber?

Es dunkelt. Kein Zweifel, dass diese Zeit sich nicht

für schöpferische Arbeit eignet. Das ist ja überhaupt die Schwierigkeit mit dem Schreiben lustiger Geschichten: Am Morgen ist man noch verschlafen, zu Mittag erfolgt die Nahrungsaufnahme, der Nachmittag eignet sich nicht zum Schreiben, und am Abend ist man müde. In der Nacht schläft man.

Wann also soll ich schreiben? Ich frage: Wann?

Mit Riesenschritten naht die Stunde Null. Das leere Papier auf meinem Schreibtisch starrt mir anklägerisch entgegen. Ich muss mich konzentrieren. Ich muss, es geht nicht anders. Aber auch so geht es nicht. Was ist in der letzten Zeit geschehen? Was ist mit der Steuerreform? Mit den Golan-Höhen? Und wie komme ich auf den Gedanken, dass das lustig sein könnte?

Auf dem Fensterbrett liegt eine Fliege, lang ausgestreckt, die Füße ein wenig höher, den Kopf ein wenig tiefer. Sie denkt nach. Jetzt spitzt sie ihre Beine, obwohl sie um 9.30 Uhr keine lustige Geschichte abzuliefern hat. Ist es eine männliche oder eine weibliche Fliege? Ein Transvestit? Ich unternehme einen diskreten Erkundungsversuch, der zu nichts führt. Sodann beschließe ich, die Fliege zu ermorden. Es ist das erste interessante Ergebnis des heutigen Tags. Zu dumm, dass ich schon mindestens ein Dutzend Geschichten über Fliegen geschrieben habe. Aber wenn ich's recht bedenke, habe ich im Verlauf meiner letzten 80 Lebensjahre schon über alles geschrieben, was es gibt.

Mir fällt ein, dass ich die Topfpflanzen gießen muss. Kein sehr zweckdienlicher Einfall, aber in Zeiten der Not darf man nicht wählerisch sein. Ich gehe ins Badezimmer, fülle ein Glas mit Wasser und gieße die Topfpflanzen. Und da ich schon bei der Behandlung von Pflanzen bin, gehe ich in den Garten und entferne drei verwelkte Blätter vom Hibiskusstrauch. Hierauf gehe ich ins Zimmer zurück, setze mich an den Schreibtisch und weiß nicht, was ich schreiben soll.

Leider bin ich Nichtraucher, sonst könnte ich jetzt zu viel rauchen. Nun, es gibt ja immer noch den Kaffee, wenn man sich unbedingt selbst vergiften will. Ich gehe in die Küche, koche einen sehr starken Kaffee und trinke ihn aus, ohne Milch und ohne Zucker. Dann warte ich auf die Ideen, die mit dem Kaffee in mein Hirn strömen müssten. Sie strömen nicht. Stattdessen werde ich nervös und merke, dass meine Hand zu zittern beginnt. Ich hole mir eine Flasche Bier und beruhige mich.

Vielleicht sollte ich etwas Politisches schreiben? Über die Golan-Höhen? Über Fliegentöter?

Das Bier macht mich schläfrig. Ich brauche einen Sliwowitz, um wieder lebendig zu werden. Außerdem brauche ich eine Tablette gegen Herzflattern, eine Tasse Kakao und ein Glas Wasser, um die Topfpflanzen zu gießen. Ich will das Fenster öffnen, aber es ist schon offen. Ich höre ein paar alte Schallplatten und rufe ein paar alte Freunde an, um mich zu erkundigen, was es Neues gibt. Es gibt nichts Neues. Ich esse einen Pfirsich, ich esse einen überreifen Camembert, putze die andere Hälfte von meinem Hemd weg, möchte wissen, wie Käse hergestellt wird, schaue in der Enzyklopaedia Judaica nach und finde keinen Käse. Es ist eine Schande.

Nachdem ich noch einen Kaffee, noch einen Kakao und noch ein Bier getrunken habe, rasiere ich mich. Das macht mir den Kopf frei. Einem medizinischen Fachmann zufolge gibt es funktionelle Ersatzhandlungen fürs Schlafen. Wenn man beispielsweise ein reines, weißes Hemd anzieht, so hat das den gleichen Erfrischungswert, als ob man eine halbe Stunde geschlafen hätte. Eine kalte Dusche ersetzt eine volle Stunde, ein heißes Bad eine weitere, und eine Stunde Schlaf ist so gut wie zwei Stunden. Aber dazu habe ich jetzt keine Zeit.

Ich torkle in das Zimmer der besten Ehefrau von allen und frage sie, ob sie nicht zufällig eine Idee für eine lustige Geschichte hat.

»Warum?«, murmelt sie schlaftrunken. »Wieso? Es gibt doch eine Menge von politischen Themen …«

»Welche?«, brülle ich. »Welche?!«

»Was weiß ich. Die Golan-Höhen.« Und sie schläft weiter.

Warum muss ich eigentlich eine lustige Geschichte schreiben? Wo steht es geschrieben, dass ich lustige Geschichten schreiben muss? In meinem Vertrag. Die Stunde Null steht vor der Tür. Schon gut, schon gut. Ich reiße mich zusammen. Papier … Bleistift … Radiergummi … noch ein Bleistift … jetzt kann nichts mehr passieren. Alles ist vorbereitet. Die schöpferische Arbeit kann beginnen. Disziplin. Konzentration.

Der Hund war noch nicht draußen. Der Hund muss Gassi gehen. Aufatmend nehme ich Franzi an die Leine. Keine Eile, sage ich mir. Lass dir Zeit, Franzi. Ich denke inzwischen darüber nach, was »Humor« eigentlich bedeutet. Die Wörterbücher behaupten, dass das Wort aus dem Lateinischen kommt und ursprünglich »Feuchtigkeit« bedeutet. Was soll das? Ich zum Beispiel habe einen trockenen Humor. Aber ich habe kein Thema.

Es ist Zeit, einen endgültigen Entschluss zu fassen. Ich entschließe mich deshalb für eine kalte Dusche. Das Wasser überschwemmt mich mit einer Flut von Einfällen. Leider, und ohne dass ich es beeinflussen könnte, kreisen sie alle um die farbige Figur des internationalen Playboys Gunter Sachs. Wahrscheinlich planscht der gerade an der französischen Riviera herum, in Gesellschaft wunderschöner Mädchen, die Füße ein wenig aufwärts, den Kopf ein wenig gesenkt. Ich hasse Gunter Sachs, reibe mir den Rücken mit einem rauen Badetuch ab und trinke einen Sliwowitz. Jetzt ist es so weit. Endlich!

Schweißperlen. Wenn ich nur wüsste, was damals mit den Schweißperlen los war.

Die kalte Dusche hat, wie es ja auch ihre Aufgabe ist, mein Schlafbedürfnis gesteigert. Ich kann nicht weiter. Ein Glück, dass das Fernsehen jetzt bald die Nachrichten bringt. Vielleicht ergibt sich da etwas Brauchbares, Golan-Höhen oder so.

Wieder nichts. Ich bin um eine große Hoffnung ärmer. Und vom nachfolgenden Krimi ist noch weniger zu erwarten. Weniger als nichts. Genau das, was ich um 9.30 Uhr nicht abliefern kann.

Ich habe mir einen neuen, diesmal noch stärkeren Kaffee zubereitet, sehe nach, ob die Kinder schlafen, wecke sie auf, schimpfe mit ihnen, weil sie noch wach sind, gehe in mein Arbeitszimmer zurück, um zu arbeiten, erkundige mich bei der telefonischen Zeitansage nach der genauen Zeit, mit dem Pfeifton wird es null Uhr vierzig Minuten und fünfzehn Sekunden, um 9.30 Uhr muss ich abliefern, und ich muss noch mit dem Hund Gassi gehen, mein Kopf ist hohl, ich perle Schweiß, ich schwitze Perlen …

Wo habe ich es gelesen, um Gottes willen, wo? Es ist mir längst entfallen …

In jedem Fall, so entsteht eine lustige Geschichte. Allerdings genügt es, um dahin zu kommen, nicht, neurotisch zu sein. Eine Spur Senilität gehört auch noch dazu.

Es tut mir leid, Sie enttäuscht zu haben.

Der ultimative Kishon-Band

»Es steckt ein ganzes Leben in dieser fröhlichen Enzyklopädie, die ganz nebenbei eine recht persönliche Abhandlung über das wertvollste Geschenk ist, mit dem die Natur den Menschen gesegnet hat – seine Fähigkeit zu lächeln.«

Alle Geschichten von Ephraim Kishon zwischen zwei Buchdeckeln – zum Nachlesen oder Nachschlagen, zum Erinnern oder zur fröhlichen Wiederbegegnung mit dem charmanten Hochstapler Jossele, den Nachbarn Selig, der Nervensäge Tante Ilka, dem Schmierenkomödianten Podmanitzki und natürlich der besten Ehefrau und der besten Familie von allen. Auch Greenhorns in Sachen Kishon werden auf ihre Kosten kommen, denn beneidenswert ist jener, der die Lektüre der wunderbaren Humoresken noch vor sich hat.

Ephraim Kishon
Alle Satiren
1128 Seiten, ISBN 978-3-7844-2738-6

Langen*Müller*   www.langen-mueller-verlag.de

Provokantes Lesevergnügen

Ein Buch, das allen von der heutigen »Kunstmafia« gefoppten Mitmenschen humorvolle Genugtuung verspricht. Auf seine unverwechselbare Weise entlarvt Ephraim Kishon die lächerlichen Auswüchse der Moderne an Hand köstlicher Beispiele. Eine Fülle von Farbabbildungen kommentiert des Autors Meinung aufs Treffendste. Als Nachhilfe für seine Leser bietet Kishon zudem eine kleine Kostprobe des modernen »Kunstesperanto«, der ersten Sprache auf der Welt, die sogar ihre Jünger nicht verstehen und die nur dazu da ist, mit Hilfe eines digitalen Wortverstümmlers normale Menschen um den Verstand zu bringen.

»Ein geistreiches, witziges, zu Vergleichen anregendes Buch.« Deutsche Tagespost

»Der Satiriker fand heraus, wer hinter dem zeitgenössischen Kunstrummel steht.« Focus

Ephraim Kishon
Picassos süße Rache
160 Seiten, ISBN 978-3-7844-2453-8

Langen*Müller* www.langen-mueller-verlag.de

Bewegende Erinnerungen des Kultautors

Ephraim Kishon blickt zurück und erzählt von seinem abenteuerlichen Lebensweg abseits seines beispiellosen Erfolgs als Schriftsteller. Dabei enthüllt er eine bislang unbekannte Seite: überraschend, intim, dramatisch.

Kishon berichtet von seiner Kindheit in Budapest, seinem lebensgefährlichen Versteckspiel mit der Gestapo während des Dritten Reichs, seiner Flucht vor dem KGB und von seiner »zweiten Geburt« in Israel. Überwiegen auch die ernsteren Töne, so kann er auch in dieser fesselnden Autobiografie den Humoristen nicht verleugnen.

Die Erinnerungen des meistgelesenen Satirikers der Welt sind ein bewegendes Stück Zeitgeschichte. Sie bilden eine Brücke der Versöhnung zwischen Juden und Deutschen.

Ephraim Kishon
Nichts zu lachen

280 Seiten, ISBN 978-3-7844-3033-1

Langen*Müller* www.langen-mueller-verlag.de